中華豐碑

——『100位新中国成立以来感动中国人物』学习读本

王向阳／主编

中原出版传媒集团
大地传媒

大象出版社
·郑州·

《中华丰碑——“100 位新中国成立以来感动中国人物”学习读本》编委会

民族的脊梁　时代的先锋

——致读者

百年间风雷激荡，中华儿女不懈求索，百折不挠；六十载沧桑巨变，神州大地英雄辈出，群星灿烂。在创立和建设新中国的伟大历程中，中国人民在中国共产党的领导下，谱写了中华民族历史上最壮丽的篇章，涌现出众多可歌可泣的英雄模范。

他们头颅抛却，热血洒尽；他们敢为人先，前赴后继；他们信念坚定，舍生取义；他们义无反顾，宁死不屈；他们大智大勇，浩气长存；他们自强不息，艰苦奋斗；他们以天下为己任，视人民如父母；他们勇立时代潮头，书写千古丰碑……他们是民族的脊梁，他们是时代的先锋，他们是祖国的骄傲，他们是人民心中永远的英雄！他们用一道道璀璨的光华，汇聚爱国主义的永恒光辉；他们用一串串闪光的名字，辉映中华民族的历史长卷；他们用一个个感人的瞬间，铸就中华民族的精神长城！

在那艰苦的革命战争年代，内忧外患，血雨腥风。他们铁肩担道义，在国家前途最迷茫之际拨开云雾，在民族命运最危急之时挺身而出；在枪林弹雨中冲锋陷阵，在艰难困苦中自立自强；在与敌斗争时大义凛然，在炮火纷飞中身先士卒；在威逼利诱面前誓死不屈以身殉国，在对革命信念的坚守中高唱凯歌英勇就义……他们是愿赤旗遍插寰宇的李大钊，他们是大义凛然、视死如归的吉鸿昌，他们是无愧于国家、无愧于民族的张自忠，他们是为正义事业甘愿粉身碎骨的狼牙山五壮士，他们是敌人铡刀下永生的刘胡兰……他们是千千万万有骨气的中国人的楷模，他们是中华民族的脊梁、伟大祖国的骄傲！

在新中国成立之初的满目疮痍中，在社会主义建设的滚滚热潮中，他们开拓进取、艰苦创业，用智慧播撒希望，用热血写就辉煌。抗美援朝的炮火中他们一往无前，石油钢铁的开采冶炼中他们自力更生，工业、农业、国防、科技各个领域里他们殚精竭虑，文化、教育、体育、卫生各条战线上他们鞠躬尽瘁；面对险情遭遇灾难他们勇挑重担，公益与志愿服务中他们乐于奉献，人民的利益始终高于一切，祖国的荣誉是他们毕生的追求……他们是用身体堵住枪眼的黄继光，他们是为结束“洋油”时代而顽强拼搏的“铁人”王进喜，他们是把有限的生命投入到无限的为人民服务之中的雷锋，他们是两次进藏在雪域高原奋斗十个春秋的孔繁森，他们是深入虎穴，保一方平安的“警界女神警”任长霞……

时光如歌，岁月峥嵘。在即将迎来新中国成立60周年之际，我们无比怀念那些传播马克思主义、创立了中国共产党的革命先驱，无比怀念那些领导中国人民在黑暗中探索、在艰难中前行的优秀共产党人，无比怀念那些为了民族独立和国家自强，为了新中国的诞生而赴汤蹈火、甘洒热血的革命先烈、仁人志士和战斗英雄，无比崇敬在社会主义建设时期和改革开放新时期，各个行业、各条战线涌现出的优秀共产党员、革命烈士、劳动模范和先进人物。他们忠于党、忠于人民、热爱祖国，爱岗敬业、无私奉献、不怕牺牲，创造了彪炳史册的辉煌业绩，也留下了可歌可泣的感人事迹。他们的先进事迹带领我们回顾光辉的历史，光辉的历史必将照亮中国发展的美好未来。

爱国，就像一面旗帜，指引着中华民族从远古走向现代，从贫穷落后走向繁荣发展；爱国，又像一束阳光，照耀在每一个炎黄子孙的身上，温暖着每一位华夏儿女的心田。中国共产党领导的伟大事业，波澜壮阔，英模涌现。一位英模就是一座爱国主义的不朽丰碑。在举国欢庆新中国60华诞之际，为深入开展群众性爱国主义教育活动，中央有关部门联合组织开展了“100位为新中国成立作出突出贡献的英雄模范人物和100位新中国成立以来感动中国人物（简称‘双百’人物）”评选活动。“双百”人物虽然身处不同年代、不同环境、不同岗位，但他们身上所体现出来的崇高精神，在本质上是一致的，那就是：忠于祖国、热爱人民，追求真理、坚持理想，艰苦奋斗、敢于胜利，锐意进取、开拓创新，淡泊名利、无私奉献。这是我们党领导全国各族人民在革命、建设、改革各个历史时期孕育、积累的宝贵精神财富，是以爱国主义为核心的民族精神和以改革创新为核心的时代精神的重要组成部分，是建设社会主义核心价值体系的丰厚精神资源。从“双百”人物身上，我们看到了个人命运与国家、民族命运的叠合。在这里，国家是一座丰碑，凝聚着每位英模的信仰；在这里，祖国是一座圣殿，耸立在亿万国人的心中。“双百”英模表现出的坚定理想信念和崇高人生境界，犹如钻石，亘古不变，熠熠生辉；犹如太阳，温暖、激励人们奋发图强，成为中华民族战胜一切艰难险阻的强大精神动力！

以“双百”人物为代表的中国脊梁，他们的人生故事，折射出中国现代史和当代史的脉络，连接着过去、现在和未来。为深入宣传他们的光辉事迹，大力弘扬他们的崇高精神，我们编著了这本书。在编辑过程中，我们力求史料严谨准确，图文并茂，具有较强的可读性，以满足各界读者的需要。

历史的车轮滚滚向前，时代的潮流浩浩荡荡。榜样是一面旗帜，榜样是一种动力。榜样的力量必将激发华夏儿女的爱国热情，激励全国各族人民继续解放思想，坚持改革开放，推动科学发展，促进社会和谐，为实现中华民族伟大复兴而努力奋斗。

本书编委会

目录 / Contents

独臂英雄

丁晓兵

丁晓兵，男，汉族，1965年9月出生，安徽省合肥市人，中共党员。1983年入伍，现任中国人民武装警察部队8730部队政治委员。

1984年，丁晓兵在一次重大军事行动中英勇负伤，失去右臂，荣立一等战功，荣获为他特批的第101枚“全国边陲优秀儿女”金质奖章，被誉为“独臂英雄”。

20多年来，丁晓兵身残志坚、自强不息，不要组织照顾，放弃到地方任职、军校任教、机关工作的机会，坚持在基层部队摔打锤炼。他永葆“战时忘死、平时忘我”的英雄本色，克服常人难以想象的困难，从洗衣服、握笔写字、打背包练起，训练场摸爬滚打样样争先，数十次参加军事演习、抗洪抢险、扑救山林大火，从一名普通战士成长为优秀的师政委。他当指导员时，所在连队被评为军区基层建设先进单位；当教导员时，所在营被师评为全面建设先进营；当团政委时，团队被武警部队记集体三等功。他二十多年如一日坚持学习，仅读书笔记就写下了900多万字，结合工作实践先后创造的105条经验被上级肯定和推广。他严格自律，多次拒收送上门的钱物，坚守原则婉拒亲人的请求，保持了共产党员的纯洁性、先进性。凡是和丁晓兵有过接触的人，无不从他身上感受到不甘平庸、永不服输的锐气和力量。在从当指导员到后来当团政委的每个岗位上，丁晓兵和他所带领的部队累计获得248面奖牌及证书，真实地记录了丁晓兵为党的事业自强不息、追求不止的奋斗轨迹。

2005年7月，丁晓兵作为“中国武警十大忠诚卫士”受到了胡锦涛总书记的接见。2006年12月，中华人民共和国中央军事委员会主席胡锦涛、中华人民共和国国务院总理温家宝签署命令，授予丁晓兵“保持英雄本色的忠诚卫士”荣誉称号。2006年5月，共青团中央、全国青联作出决定，授予丁晓兵中国青年五四奖章。2007年2月，丁晓兵被评为“感动中国2006年度人物”，感动中国组委会授予丁晓兵的颁奖词是：这个用左手敬军礼的人，我们以他为骄傲。战时敢舍身，平时能忘我，从逆境中挣扎启程，在顺境中保持清醒。沙场带兵敢称无愧无悔，把守国门能说有骨有节。他像一把号角，让理想与激动，在士兵心中蔓延。

马万水

『永远争先进、攀高峰』

马万水(1923—1961),男,汉族,河北省深县人,中共党员。生前系河北龙烟铁矿“马万水小组”组长、龙烟钢铁公司井巷工程公司副经理。

1949年秋天龙烟铁矿解放后,他以抑制不住的激情,投身到河北龙烟铁矿建设中,废墟上,他树起一面高扬的旗帜。巷道倒塌,野草遍地,满目疮痍。几经敌人破坏的矿山,别说机器设备,就连一件像样的工具也没有。马万水就领着大伙,在废墟中找来几根生了锈的钢钎和锤头,砍了几根树杆当锤把,开始了翻身后的第一班生产。他以自己在煤矿练就的一气打450锤不换手的本领,亲自给工友们把钎传技。

1950年6月,马万水所在的5组以手工月进23.7米的成绩,创造了全新纪录,5组被正式命名为“马万水小组”。在以后的十几年中,“马万水小组”刻苦奋战、顽强拼搏,创造了一个又一个开凿工艺史上的奇迹。1954年,马万水和他领导的小组承担了开凿庞家堡矿第一平峒的任务。当时,国内打平峒采用的是先打出小巷道,然后再刷帮成为符合要求的大巷道的两次掘进法。马万水反复推敲,提出了平巷掘进一次推进法,大大提高了平峒掘进速度。除此,他还研究爆破效果,摸索治理各种岩石的做法,利用岩石的节理、层理和裂隙,创造出“中间楔形掏槽法”、“旁楔形掏槽法”、“稀眼深孔作业法” 等十多种不同的掏槽法。就这样,“马万水小组”多次创造全国黑色金属矿山的掘进最高纪录。

马万水常说:“工人,艰苦朴素就是本色。”1957年,850平峒开凿,当时正因腿痛住院治疗的马万水,听到这一消息立刻跑回工地。在他的指挥下,工友们抢险支架,快速充填,各工种密切配合、紧张战斗,一鼓作气闯过了大断层。

1961年8月12日,年仅38岁的马万水病逝,癌症夺走了这位工人阶级优秀分子的生命,但是他那种“永远争先进、攀高峰”的精神却激励着一代又一代人。

马万水是第一、二届全国人大代表,被授予“全国劳动模范”荣誉称号,“马万水小组”两次被授予“全国模范集体”称号。

林业英雄

马永顺

马永顺(1914—2000),男,汉族,天津市人,中共党员。生前曾任黑龙江省伊春市铁力林业局副局长。

马永顺是新中国第一代伐木工人。20世纪50年代东北林区推广了他的降低伐根做法后,一年就为国家增加了1400多万元的财富。他以忘我的工作热情,每年一个人完成6个人的采伐量,创造了手工年伐木1200立方米的全国纪录。他创造的“流水作业法”、“安全伐木法”、“四季锉锯法”,被写入全国手工伐木作业教科书,使劳动效率普遍提高35%至50%。1959年,为响应党中央关于实现青山常在、永续利用的号召,他积极投身绿化事业,决心把自己伐的36000棵树补栽上。伐木时,他想方设法采育结合,保护林中幼树不受伤害。春天造林季节,他每天清晨上山,赶在上工前和下工后的时间植树造林。中午,趁工组同伴休息,他又抓紧栽上几棵树。在三年严重困难时期,食品短缺,马永顺上山没有干粮带。妻子王继荣就给他带些煮熟的土豆,时间一长,马永顺的胃病犯了,人也明显地消瘦了。可他忘不了周总理的嘱托,仍然见缝插针多栽树。马永顺就这样边砍边栽,到1982年退休时,还差8000棵树没栽上。

退休后,马永顺依旧把栽树这件事放在心上。朋友们劝他:“你过去对林区作了那么多贡献,退休了也该好好歇歇了。没事就去钓钓鱼,打打麻将,到工会活动室玩一玩。”可马永顺哪里闲得住。他总说,我已向大山许了愿,不能食言。

那几年,每到造林季节,马永顺就回到工作过的林场跟营林工人一起上山义务栽树。林场领导说:“造林现场离林场远,路不好走,你就在林场前后栽些绿化树吧。”马永顺拍着胸脯说:“我在山上跑了一辈子,大伙能去,我就能去。”

1991年,他已78岁高龄,还差近千棵树没栽上,他就带领一家三代15口人,到荒山坡上营造义务林,当年栽树1200多棵,终于完成了夙愿。截至1999年,他带领全家共义务植树5万多棵。他是中共十大、十一大代表,第二、三届全国人大代表,第二届全国政协特邀委员,被授予“全国劳动模范”等荣誉称号。

工业战线的排头兵
马恒昌

马恒昌(1906—1985),男,汉族,辽宁省辽阳县人,中共党员。生前曾任齐齐哈尔第二机床厂党委副书记、总机械师。

马恒昌出生于辽宁省辽阳县的一个农民家庭,自小历经磨难,解放后,通过努力学习,从一个目不识丁的"大老粗"成长为一名技术工人,后又历任"马恒昌小组"组长、车间主任、厂总机械师。"马恒昌小组"原是沈阳第五机器厂的一个小组。1948年11月,沈阳刚刚解放,这个小组在马恒昌的带领下,在敌机不断骚扰轰炸的情况下,奋不顾身地完成一批批军工生产任务,以优异的成绩于1949年4月28日获得"生产竞赛模范班"的红旗。在授旗会上,这个组被正式命名为"马恒昌小组",马恒昌任组长。马恒昌对工友们说:"工人阶级要用自己的模范行动来带动全国人民建设社会主义。"从此,他们不断刷新生产纪录,多次立功受奖。

1951年抗美援朝战争爆发后,"马恒昌小组"通过《工人日报》向全国职工发出了开展爱国主义劳动竞赛的倡议,在不长的时间内,得到了全国各地1.8万个班组的积极响应,许多企业劳动生产率成倍甚至十几倍地增长,促进国民经济迅速恢复。这一年,"马恒昌小组"提前两个半月完成国家下达给他们的任务,创造了69项新纪录。"马恒昌小组"的英雄业绩不仅为广大志愿军指战员深知和感动,而且受到了金日成同志的褒奖。从1950年至1978年,"马恒昌小组"29年累计完成了43年零10个月的工作量,实现技术革新840多项。在2000多道工序上创造性地运用了自动套扣、联合车刀、带窝顶尖等109项国际先进经验。29年中,"马恒昌小组"的组长换了十几任,组员换了十几茬儿,为国家培养输送了几百名领导干部和技术工人,始终保持着敢打硬仗、勇挑重担、创优质、夺高产、主动为国家多作贡献的精神,成为全国机械工业战线上的排头兵。1950年,"马恒昌小组"被推选出席全国工农兵劳动模范代表大会;同年4月,马恒昌获"沈阳市模范党员"称号。马恒昌多次代表小组到北京出席劳动模范代表大会,受到毛泽东的接见。1954年,他当选为全国人民代表大会代表。他是第一至六届全国人大代表,被授予"全国劳动模范"等荣誉称号。

马海德

新中国卫生事业的先驱

马海德(1910—1988),男,原名乔治·海德姆,出生于美国,原籍黎巴嫩,中共党员。生前系卫生部高级顾问,曾任中国麻风病防治协会会长、中国麻风病防治研究中心主任。

马海德1933年毕业于日内瓦医科大学,获医学博士学位。同年,他从美国不远万里来到中国参加革命,最初在上海从事医疗工作,随后参加上海国际友人组织的马列主义小组,协助我地下党开展工作。1936年经宋庆龄介绍到陕北,参加中国工农红军,一直战斗在陕甘宁边区。1937年2月,马海德加入了中国共产党。为了更好地接近陕甘宁边区人民,他不仅很快学会了中国的普通话和陕北方言,而且把自己的美国名字改成了中国名字——马海德。1938年至1940年,仅3年时间里,他就为陕北军民治病4万余人次。

1946年,马海德参加了在北平(今北京)成立的由中国共产党、中国国民党和美国三方代表组成的军事调处执行部,他和代表团的同事们一起揭露了国民党发动内战的阴谋。1950年经周恩来总理批准,马海德加入中国国籍,成为中华人民共和国第一位外国血统的中国公民。1950年,他被任命为中央人民政府卫生部顾问。1953年,他协助组建中央皮肤性病研究所(中国医学科学院皮肤性病研究所前身)。该所成立后,他主要从事对性病和麻风病的防治和研究工作。

中国共产党十一届三中全会后,马海德精神振奋,加紧了消灭麻风病的工作。1981年,经过周密的调查和论证,他提出“中国要在2000年基本消灭麻风病”的奋斗目标。为实现这一目标,他积极开展中外医学界的合作与交流。

马海德根据中国的国情,将麻风病传统的住院隔离治疗办法改为社会防治,并于1980年把国外治疗麻风病的新技术——强杀菌联合药疗引进到中国,大大提高了疗效。

马海德历任卫生部顾问,第五届全国政协委员,第六、七届全国政协常委,中国麻风病防治中心主任,中国麻风病防治协会理事长和中国麻风病福利基金会主席,中国肿瘤基金会名誉主席等职务。马海德为我国20世纪60年代初基本消灭性病和防治麻风病作出了巨大贡献。1988年,被国家卫生部授予“新中国卫生事业的先驱”荣誉称号。

中国女排五连冠群体

顽强拼搏 为国争光

1981年至1986年，中国女子排球队在世界杯、世界锦标赛和奥运会上5次蝉联世界冠军，成为世界排球史上第一支连续5次夺冠的队伍。

中国女排坚定“为国争光”的信念，刻苦训练，顽强拼搏。她们对发球、拦网等技术动作每天都要练习成百上千次，对训练比赛造成的肩、腰等伤痛从不叫苦叫累。凭着坚韧的毅力，她们练就了过硬的技术本领，形成了以快速多变为主体，兼备高打强攻的独特风格。1981年第三届世界杯赛上，中国女排以7战全胜的战绩首次夺得世界冠军，开创了中国女排的新纪元。之后，中国女排再接再厉，不屈不挠，克服重重困难，相继蝉联1982年第九届世界女排锦标赛、1984年洛杉矶奥运会、1985年世界杯赛和第十届世界女排锦标赛冠军，完美地诠释了顽强拼搏、团结奋斗、无私奉献、为国争光的中华体育精神。一时间，各行各业掀起了学习女排精神、发扬女排精神的热潮。“团结起来，振兴中华”的口号响彻神州大地。女排精神成为民族精神和时代精神的重要象征。中国女排五连冠群体为我国体育事业和社会主义现代化建设作出了重要贡献。女排精神至今仍然激励着中华各族儿女不断奋发向上，追求卓越。

中国队在与苏联队比赛

蓝领专家

孔祥瑞

孔祥瑞，男，汉族，1955年1月出生，天津市人，中共党员。1972年参加工作，现任天津港煤码头公司孔祥瑞操作队党支部书记，高级技师。

孔祥瑞参加工作30多年来，坚持边干边学，学以致用，把“死”知识变成“活”知识，把“活”知识变成真本事，逐渐由一位初中文化的工人成长为生产一线的“蓝领专家”。他几十年如一日，把岗位工作当做课堂，把技术改造当做课本，在生产实践中注重学习与摸索。为尽快掌握设备性能与操作技术，他每天都把技术资料带在身边，有空就背，背完再到设备前对比了解。经过不懈努力，他不仅克服了自身的“知识屏障”，而且练就了“听音断病”的一手绝活，成为“门机大王”和“排障能手”。多年来，他从一个岗位换到另一个岗位，干一行、爱一行、钻一行、成一行。

近年来，由他主持的技术创新项目达180多项，为企业节约增效过亿元。“电缆卷筒防出槽下滑保护装置改造”和“大型散货取料机走行防碰撞保护装置改造”等创新成果获得国家级实用新型发明专利。2000年，他带领队里的技术骨干解决了门机因变幅螺杆与螺母摩擦热量过大而“抱死”的技术难题，直接为公司节约资金180万元；2001年，他发明了“门机主令器星行操作法”，使门机每次作业可节省15.8秒，当年创效1600万元；他还带领科技人员改进设备电缆，节约维修成本100万元；2007年，攻克“大型机械走行防碰撞装置”难题，创效181余万元，主持研制的“大型机械电缆防出槽技术”获国家实用新型发明专利，并创效990万元；2009年，他主持完成的“降低皮带机万吨故障时间”攻关项目，把皮带万吨接卸故障时间降低近六成，填补了我国港口系统设备接卸煤炭的一项技术空白。

孔祥瑞2005年被授予“全国劳动模范”称号，2006年获全国五一劳动奖章。多家中央和地方主要新闻媒体报道了他的先进事迹。2007年，他当选为党的十七大代表。2007年2月，孔祥瑞被评为“感动中国2006年度人物”。“感动中国”组委会授予孔祥瑞的颁奖词是：不管什么时代，劳动者都是社会的中流砥柱。但在今天，更值得尊敬的，还应该是那些不仅贡献汗水还贡献智慧的人。150项革新，给国家带来8000万元效益，这就是一个工人的成就。

孔繁森

新时期领导干部的楷模

孔繁森（1944—1994），男，汉族，1944年生，山东省聊城市人，中共党员。生前系西藏阿里地区地委书记。

孔繁森自觉以党和人民的需要为己任，两次进藏工作，在雪域高原奋斗了十个春秋。1979年，时任地委宣传部副部长的孔繁森告别年逾古稀的老母、体弱多病的妻子和尚处幼年的孩子，在海拔4700多米的西藏自治区岗巴县一干就是3年。在此期间，他经常深入乡村、牧区与群众一起干农活、修水利。

1988年，孔繁森在母亲年迈、3个孩子尚未成年、妻子体弱多病的情况下，仍然克服困难，再次带队进藏，任拉萨市副市长，分管文教、卫生和民政工作。他跑遍全市绝大部分中小学校、敬老院和养老院，为教育事业奔波操劳，给孤寡老人送去温暖。他领养了地震灾区的3个藏族孤儿，并隐姓埋名先后3次为他们献血。

1992年，他又到被称为“世界屋脊的屋脊”的阿里地区任地委书记。为寻找带领群众脱贫致富的路子，他深入调查研究，求计问策，在不到两年的时间里，他跑遍了全地区106个乡中的98个。

1994年，阿里高原发生罕见暴风雪灾，他带领工作组第一时间赶到受灾地区，把救济粮和救济款送到受灾群众手中，每天工作到深夜两点多才休息。在他的带领下，经过广大干部群众的努力，阿里的经济有了较快发展，1994年全地区国民生产总值比上年增长37.5%。他因此受到藏族群众的普遍称赞，被誉为“新时期领导干部的楷模”。他为了制订阿里地区经济迈上新台阶的规划，准备在最有潜力的边贸、旅游等方面下工夫。为此，他带领有关部门，亲自到新疆塔城进行边贸考察。1994年11月29日，完成任务返回阿里途中，孔繁森不幸遭遇车祸，以身殉职，时年50岁。他牺牲后，时任中共中央总书记的江泽民于1995年4月29日亲笔题词“向孔繁森同志学习”，时任国务院总理的李鹏也题词“学习孔繁森同志热爱人民、无私奉献的精神”。

孔繁森曾被评为“全国民族团结进步模范”、“全国先进工作者”。

『中国最美女导游』文花枝

文花枝，女，汉族，湖南省韶山市人，中共党员。1982年出生，2003年在湘潭新天地旅行社(现更名为湘潭花枝新天地旅行社)当导游员。

2005年8月28日，导游员文花枝所带旅游团乘坐的旅游车途中与一辆货车相撞，车上人员6人死亡，14人重伤，8人轻伤。当火速赶到的营救人员几次想把坐在车门口第一排的文花枝先抢救出去时，她没有忘记自己是一名导游员的工作职责，大声说："我是导游，后面是我的游客，请你们先救游客。"由于汽车碰撞得扭曲变形，所以每救援一个游客都需要很长的时间。文花枝自己忍着巨痛不断给等待援救的游客鼓气："大家不要睡过去，要坚持住，要活着回去！"尽管她自己数次昏迷，但只要一醒过来，她就不停地给游客鼓劲、加油。两个多小时后，所有活着的乘客都被救出去后，文花枝才最后一个被解救出来！在这起重大交通事故中，文花枝是伤得最重的一个，左腿9处骨折，右腿大腿骨折，髋骨3处骨折，右胸第四、五、六、七根肋骨骨折。她在危险到来的时候，将生死置之度外，把生的希望让给别人。

由于延误了宝贵的救治时间，伤口已经严重感染，她随时有生命危险，医生不得不为文花枝做了左腿截肢手术。得知自己失去了一条腿的残酷事实，出事之后一直没有流泪的文花枝流泪了。但几分钟后，再抬起头的她眼里已没有了泪水。也就是从这天起，文花枝还是像从前那样，总是用微笑面对一切。

工作中的文花枝一直是一个用真诚和微笑对待游客的阳光女孩。她把游客当成朋友和亲人。每带一个团，她都按事先的承诺服务；每到一个地方，她都提醒游客购物要谨慎；每到吃饭的时候，她都先安排好游客，自己才最后吃。游客称赞，她是人品上的"导游"，是我们职业道德的"导游"。

文花枝的事迹迅速传遍了神州大地，国家旅游局在2006年1月还专门作出了在全行业开展向文花枝同志学习的活动决定。2006年，她获得全国"三八"红旗手、"全国十大杰出青年"等荣誉称号及全国五一劳动奖章。2007年9月，她当选为"全国道德模范"及第十一届全国人大代表。

方永刚

追求真理　矢志不渝

方永刚(1963—2008)，男，汉族，辽宁省朝阳市建平县人，中共党员。1985年7月毕业于复旦大学历史系，同年入伍，1992年12月入党，历史学学士、法学硕士、军事学博士，生前系海军大连舰艇学院政治系教授。

方永刚长期从事政治理论教学和研究工作，为宣传党的创新理论、发展军队教育事业作出了突出贡献。他对党充满深厚感情，对党的创新理论具有坚定信仰。他先后出版16部政治理论专著，完成10项国家和军队重点科研项目，发表100多篇学术论文。他在学院率先提出让科学发展观进入课堂，编写出科学发展观教学读本等教材。方永刚就像时刻保持冲锋姿态的战士，哪怕十几分钟的课都充满激情，他的课充满了理论的力量和人格的魅力，连续6年教学质量被学院评为A等，多次被学院评为优秀教员、青年教员成才标兵，荣立三等功1次。方永刚作为辽宁省国防教育讲师团成员、大连市委讲师团成员、沈阳军区联勤部客座教授，先后为部队和地方党政机关、社区、企事业、干休所、学校等单位作辅导报告1000多场，从军队到地方、从城市到乡村、从北国的漠河边防到南疆的海防哨卡，都留下他传播创新理论的足迹，被官兵群众誉为“平民教授”、“大众学者”和“科普专家”。2006年11月，他在被确诊为结肠癌晚期的情况下，一方面顽强与病魔作斗争，一方面争分夺秒地抓紧工作，利用化疗间隙从医院返回学院，为学员上完该学期最后的课程。2007年6月20日，中央军委授予方永刚“忠诚党的创新理论的模范教员”荣誉称号。2007年10月，方永刚光荣地出席了党的十七大。

方永刚的先进事迹和崇高精神经媒体宣传后，在社会各界引起强烈反响。2007年9月，方永刚被评为“全国敬业奉献道德模范”。2008年2月，方永刚被评为“感动中国2007年度人物”，“感动中国”组委会授予方永刚的颁奖词是：一个真正的战士，在和平年代也能找到自己的方向；一个忠诚的战士，在垂危的时候，不会忘记自己的使命。他是一位满怀激情的理论家，更是敢于奉献生命的实践者。在信仰的战场上，他把生命保持在冲锋的姿态。

2008年3月25日，方永刚在北京病逝，终年45岁。

人民的忠诚卫士 方红霄

方红霄，男，汉族，湖南省岳阳市人，中共党员。1970年出生，1990年入伍，现任武警云南省总队昆明市支队副支队长。

方红霄是武警部队在维护国家安全和社会稳定中涌现出来的先进典型，是“忠诚卫士”的杰出代表。他入伍以来，永葆共产党员的政治本色，时刻牢记党和人民的重托，自觉把执勤哨位、处突战场、本职岗位作为争做“忠诚卫士”的主阵地，忠于职守，机智勇敢，带领官兵同各种违法犯罪活动进行了坚决的斗争，时刻牢记维护国家安全和社会稳定、保障人民安居乐业的职责使命，坚决同各种违法犯罪活动作斗争。他带领官兵查缴海洛因等毒品45公斤、各种枪支41支、子弹2172发、黄色制品957件、管制刀具3万多把，抓获各类违法犯罪嫌疑人1919人，以实际行动向党和人民交出了合格答卷，成为让犯罪分子胆寒的“护法勇士”。

方红霄无论是当战士还是干部，无论是在基层工作还是走上领导岗位，都能一如既往地牢记党和人民的重托，不忘人民公仆的身份，自觉做到官高不移为民志，为尊不改公仆心，始终把党和人民利益放在高于一切的位置，不断加强党性修养，躬行实践党的宗旨。遇到有困难的群众，他慷慨解囊，热心援助，在火车站执勤的6年中，先后接济过往旅客60多人，帮助数十名走失的孩子重新回到父母的怀抱，展现了一名共产党员和革命军人无私无畏、一尘不染的浩然正气，塑造了新时期人民“忠诚卫士”的光辉形象。他兢兢业业，屡立新功，先后参加了扑救森林大火、抗雨雪冰冻灾害、抗震救灾、奥运火炬传递安保、反恐演习等重大任务。

方红霄入伍以来先后荣立二等功1次、三等功4次，先后被共青团中央、共青团云南省委和武警部队授予“中国优秀青年卫士”、“人民卫士”、“武警部队十大忠诚卫士”、“二级英模”、“首届中国武警十大忠诚卫士”等荣誉称号及中国青年五四奖章。多次受到党和国家领导人的亲切接见，参加了国庆50周年庆典，光荣地出席了党的十六次全国代表大会并当选为主席团成员。

毛岸英

中国人民志愿军烈士

毛岸英(1922—1950),男,汉族,湖南省韶山市人,中共党员。生前系中国人民志愿军司令部俄语翻译和秘书。

毛岸英是毛泽东与杨开慧的长子。1930年,杨开慧被湖南军阀逮捕时,8岁的毛岸英也被一同抓进监狱。杨开慧牺牲后,地下党安排毛岸英和两个弟弟来到上海。由于地下党组织遭到破坏,毛岸英兄弟流落街头。他当过学徒,捡过破烂,卖过报纸,拉过人力车。

1936年,毛岸英和弟弟毛岸青被安排到苏联学习。在苏联期间,他开始在军政学校和军事学院学习,1943年毕业时,他获中尉军衔,并加入联共(布),后来回国转为中共党员。不久,他又进入伏龙芝军事学院,在校期间曾到红军中担任过坦克连的党代表,参加过进军白俄罗斯、波兰和捷克的战斗。

1946年,毛岸英回到延安,同年加入中国共产党。只和父亲在一起吃了两天饭,毛岸英便到机关食堂吃大灶并到当时著名的劳动模范吴满有家学种地,"补上劳动大学这一课"。吃惯了洋面包的毛岸英,这时睡农民的土炕,一样干起农活儿。

1950年春,毛岸英跟随李克农访苏并担当翻译,此后又要求到基层。1950年夏,他任北京机器总厂党总支副书记,并决心"在这个工厂连续不断地做十年工作"。他虽然是毛泽东的儿子,但从不以领袖的儿子自居,相反,总是处处严格要求自己,努力和普通劳动群众打成一片。

1950年10月,抗美援朝战争爆发。毛岸英在家中遇到了准备出征的彭德怀,主动请求入朝参战,并得到毛泽东支持。随后,他到志愿军司令部任中国人民志愿军司令部俄语翻译和秘书。他工作积极,认真负责,迅速熟悉了机关业务。1950年11月25日上午,美空军轰炸机突然飞临志愿军司令部上空,投下了几十枚凝固汽油弹,在作战室紧张工作的毛岸英壮烈牺牲。毛泽东得知毛岸英牺牲的消息后,强忍丧子之痛,缓缓地说:"打仗总是要死人的。中国人民志愿军已经献出了那么多指战员的生命,他们的牺牲是光荣的。岸英是一个普通战士,不要因为是我的儿子,就当成一件大事。"这是毛泽东一家为了中国人民的革命事业献出的第六位亲人。

王杰

一不怕苦 二不怕死

王杰（1942—1965），男，汉族，山东省金乡县人，中共党员。1961年8月入伍，1962年2月加入中国共产主义青年团，生前系中国人民解放军73081部队工兵营1连5班班长。

王杰入伍后，认真学习马列主义和毛泽东思想，自觉接受党组织教育培养，处处以英雄人物为榜样，牢记全心全意为人民服务的宗旨，坚持从小事做起，从一点一滴做起，努力工作，奋发向上，勇于吃苦，乐于奉献。他处处以身作则，“以服从祖国的需要为快乐”，为了党的事业“有一分热发一分光”，逐步成长为一名伟大的共产主义战士。他热爱学习，写下了10多万字的日记。他关怀战友，爱护集体财产。他帮助群众做好事从不留名。他勤奋工作，在执行训练、施工和抗洪救灾等各项任务中，一不怕苦，二不怕死，被大家称为是“闲不住的人”、“不知疲倦的人”。他在部队里年年是优秀战士，两次荣立三等功，当了班长，被评为“模范共青团员”和一级技术能手。

1965年7月，王杰到江苏省邳县张楼公社帮助民兵地雷班进行埋排雷和爆破训练。7月14日上午，王杰在组织民兵进行实爆训练时，当炸药包即将发生意外爆炸的危急关头，为了保护在场的12名民兵和人民武装干部的生命安全，他临危不惧，毅然扑向炸药包，英勇牺牲，献出了年仅23岁的生命。根据王杰生前的愿望和表现，所在部队党委追认他为中国共产党党员。毛泽东、邓小平等老一辈无产阶级革命家号召全国军民学习和发扬王杰“一不怕苦，二不怕死”的“两不怕”精神。1965年11月27日，中华人民共和国国防部命名王杰生前所在班为“王杰班”。党和国家领导人周恩来、朱德、董必武等为他题了词。1965年11月9日，《解放军报》以“一心为革命”为题，刊登了王杰的日记，在全社会引起了强烈反响。解放军总政治部、全国总工会、共青团中央、全国妇联等分别发出通知，号召向王杰同志学习。学习他“一不怕苦，二不怕死”，踏踏实实，埋头苦干，热爱祖国，热爱人民，全心全意为人民服务的高贵品德。

『当代毕昇』王选

王选（1937—2006），男，汉族，江苏省无锡市人，九三学社社员。1958年9月参加工作，生前系北京大学教授，曾担任全国政协副主席。著名计算机应用专家。

王选主要致力于文字、图形、图像的计算机处理研究。他自1975年开始主持我国计算机汉字激光照排系统和电子出版系统的研究开发以来，跨越当时日本的光机式二代机和欧美的阴极射线管式三代机阶段，开创性地研制当时国外尚无商品的第四代激光照排系统，针对汉字印刷的特点和难点，发明了高分辨率字形的高倍率信息压缩技术和高速复原方法，率先设计出相应的专用芯片，在世界上首次使用控制信息（参数）描述笔画特性的方法，并取得欧洲和中国的相应发明专利。这些成果的产业化和应用，取代了我国沿用上百年的铅字印刷，推动了我国报业和印刷出版业的发展。同时，他又相继提出并领导研制了大屏幕中文报纸编排系统、彩色中文激光照排系统、远程传版技术和新闻采编流程管理系统等，这些成果达到国际先进水平，在国内外得到迅速推广应用，使中国报业技术和应用水平处于世界最前列，创造了极大的经济效益和社会效益。

王选主持研制的汉字激光照排系统，被公认为是毕昇发明活字印刷术后中国印刷技术的第二次革命，他被誉为“当代毕昇”。他作为北大方正集团的主要开创者和技术决策人，积极倡导技术与市场的结合，闯出了一条产学研一体化的成功道路，使得汉字激光照排技术占领国内报业99%和书刊（黑白）出版业90%的市场，以及80%的海外华文报业市场，创造了巨大的经济效益和社会效益。

2006年2月13日，王选在北京病逝，终年69岁。

王选是中国科学院院士、中国工程院院士，国家级有突出贡献的专家，并多次荣获全国及“北京市劳模”、“先进工作者”、“首都楷模”等称号。1987年获得中国印刷业最高荣誉奖——毕昇奖及森泽信夫奖，1995年获何梁何利基金奖，2002年2月，王选获国家最高科学技术奖。

大山女儿 鞠躬尽瘁为人民的王瑛

王瑛(1961—2008),女,回族,四川省小金县人,中共党员。生前系四川省南江县委常委、纪委书记。

王瑛理想高远、信念坚定。她在南江工作11年,无论岗位怎样变换、条件如何艰苦、环境多么恶劣,她始终坚持立党为公、执政为民,信仰不动、党性不移。她保持着共产党人的旺盛斗志,即使进入了生命倒计时的读秒阶段,仍然一息尚存、战斗不止,以一种冲锋的姿势倒下。

王瑛始终牢记党的宗旨,创造性地开展工作,创造了“三最佳”、“五个零距离”、村级督查员制度等“王瑛工作法”。有力改善了干群关系,促进了当地经济社会发展。对腐败分子,她疾恶如仇,在查办案件中,面对威胁和阻力,刚正不阿,毫不退却。她直接牵头查办各类疑难、典型案件50多起,为国家挽回直接经济损失1000多万元。她清正廉洁、不徇私情,先后多次拒收礼金,拒绝弟弟等亲属要她特殊关照的要求。她挽救、教育和帮助了一批犯错误的干部,体现了新时期纪检监察干部的政治品格、执政水平和宽广胸怀。

王瑛热爱生活、激情似火。她以人民的利益为价值取向,淡泊名利,志存高远,把实现个人追求与实现党的奋斗目标、人民利益紧密联系起来,不为私心所扰,不为名利所累,不为物欲所惑,努力实现共产党人高尚的人生价值。

王瑛挚爱人民、情系百姓。她察民情、解民忧,走村串户,扶贫帮困,时刻把群众的冷暖安危挂在心间,为露宿街头的“背二哥”们解决食宿之忧,帮助地震受灾群众重建家园,为过河不便的深山农民建造“连心桥”,11年间个人资助了12名贫困大学生……她情注人民,也深爱自己的家庭,对老母的挂念、对丈夫的眷念、对儿子的思念化作柔肠百转,一步三回头。

2006年7月,王瑛晕倒在抗旱第一线,经诊断患上肺癌,但她没有放弃工作,反而加倍努力。“5·12”汶川大地震后,她严格执纪,保证了全国各地支援的款物全部用在救灾上。2008年11月,她因过度劳累,病情恶化,不幸去世,终年47岁。王瑛被授予“全国纪检监察系统先进工作者标兵”荣誉称号,2009年被追授为全国优秀共产党员。

王乐义

带动农民奔小康

王乐义，男，汉族，1941年11月出生，山东省寿光市孙家集街道三元朱村人，中共党员。现任孙家集街道三元朱村党支部书记。

1978年，王乐义在当地群众强烈要求下，毅然挑起了村党支部书记重担。为了兑现上任时带领群众致富的诺言，他先到农业大学拜师学艺，后带上干粮三下关东“取经”，经过数百次试验，带领乡亲们发明了冬暖式大棚蔬菜生产技术，引发了蔬菜生产领域的“绿色”革命，结束了我国北方冬季吃不上新鲜蔬菜的历史。王乐义被称为中国“冬暖式大棚蔬菜之父”。

冬暖式大棚蔬菜试验成功后，以他为首的技术小分队把这一技术无偿传播到全国26个省、市、区。王乐义本人也拖着患了癌症的身体，先后到全国11个省、区、市无偿传授大棚蔬菜技术，行程达几十万公里。2005年8月，他冒着酷暑到新疆、青海、陕西等地指导蔬菜生产，在不到一个月的时间里，行程3000多公里，帮助那里的农民兄弟解决了大量的蔬菜生产技术难题。同时，他在西北5省建立了培训基地，聘请专家授课，为当地5000多名农民送去了致富钥匙。现在，三元朱村仍有140多人常年在外地传授蔬菜种植技术，有28人被聘为科技副乡（镇）长，4人被聘为科技副县长。为了保持技术上的领先水平，占领蔬菜生产的“制高点”，王乐义在蔬菜种植、加工、品牌塑造等领域不断开拓创新。目前，无公害蔬菜、“绿色通道”、“乐义”牌商标、第五代蔬菜大棚等不断涌现，使三元朱村的蔬菜生产技术一直在全国农村处于领先地位，谱写了农业标准化、产业化、现代化的新篇章。

2005年4月7日，胡锦涛总书记来到寿光市孙家集街道三元朱村，饶有兴趣地参观了大棚蔬菜展览，称赞王乐义说：“乐义同志，你的事迹了不起，你是带领中国农民科技致富的功臣啊！”

王乐义先后被评为“全国优秀共产党员”、“全国劳动模范”、“全国十佳优秀人才”、“全国农业科技推广先进工作者”、“全国农村学习‘三个代表’重要思想基层干部标兵”，被确定为“三个代表”重要思想在基层重大典型和全国保持共产党员先进性、建设社会主义新农村的重大典型。先后当选为党的第十五、十六、十七次全国代表大会代表。

治沙英雄

王有德

王有德，男，回族，宁夏回族自治区灵武市人，中共党员。1954年出生，现任宁夏灵武白芨滩国家级自然保护区管理局党委书记、局长。

白芨滩林场建于1953年，位于毛乌素沙漠的西南边缘，是阻止沙漠向宁夏首府银川和黄河推进的一道屏障。1985年 3 月，30岁的王有德临危受命，调任白芨滩林场副场长。“不改革就没有出路！一定要让场子活起来，让职工富起来，让沙漠绿起来！”改革林场现状的动力和改善职工生活的使命感汇聚成一股难以抗拒的力量，在王有德心里萌动……

王有德力排众议在林场开始了三项大刀阔斧的改革，彻底改变了过去“造林抚育靠民工，林场工人只带工”的只讲数量不讲质量和效益的工作方式。改革当年，全场完成造林5093亩，减少抚育成幼林费用2.5万元，实现纯收入 9 万多元，减去精简下来的12名后勤人员的 8 万元工资及其他费用支出，等于林场创收17万元。白芨滩林场实现了“起死回生”的大逆转。

王有德注重加强党员队伍建设，发挥党员领导干部的模范带头作用。他团结带领干部职工，20多年坚持治沙播绿、兴场富民，完成治沙造林45万亩，控制流沙面积58万亩，建设沙地果园4000多亩，兴办5个多种经营公司，建立1000余亩苗木花卉培育中心，对外承揽100多处绿化工程，创收1亿多元，弥补治沙资金不足，成功走出了一条“以林为主、林副并举、多种经营、全面发展”的改革发展之路，在浩瀚的毛乌素沙漠筑起了一道绿色屏障，极大地改善了林场生态环境和全场职工的生活条件，呈现出人进沙退的可喜局面。他成功组织实施了6个外援治沙项目，为我国林业的对外合作与交流探索了一条新路。目前，林场固定资产由1985年前的不足40万元增加到现在的6300万元，林木资产由1985年前的不足500万元增加到3亿元，职工人均年收入超过2万元，实现了“山上绿、场子活、职工富”的奋斗目标。

王有德是中共十七大代表、第十届全国人大代表，被授予“全国优秀共产党员”、“全国劳动模范”、“全国先进工作者”等荣誉称号。

王启民

『新时期铁人』

王启民，男，汉族，1937年生，浙江省湖州市人，中共党员。1961年毕业于北京石油学院地质专业，1978年加入中国共产党。历任大庆石油管理局勘探开发研究院技术员、开发室副主任地质师、院副总地质师、副院长、院长、局长助理、局副总地质师、教授级高级工程师，现任中国石油大庆油田有限责任公司高级工程师。1996年8月起，兼任中国地质大学、石油大学、大庆石油学院兼职教授。1961年，王启民从北京石油学院毕业参加大庆石油会战。他以"铁人"王进喜为榜样，以"宁肯把心血熬干，也要让油田稳产再高产"的英雄气概，全身心地投入油田地质开发研究工作，被誉为"新时期铁人"。

20世纪60年代，王启民提出的"高效注水开采方法"，打破了当时国内外普遍采用的"温和注水"开采方式，开创出中低含水阶段油田稳产的新路子；70年代，他主持进行的"分层开采、接替稳产"开发试验，使水驱采收率提高了10%至15%；90年代，他组织实施的"大庆油田高含水期稳油控水系统工程"结构调整技术，创立了油田高含水后期"控液稳产"的新模式，使大庆油田实现了3年含水上升不超过1%，与国家审定的开发指标相比，5年累计多产原油610多万吨，增收节支150亿元。40多年来，他先后主持了油田8项重大开发试验任务，参加了40项科研攻关课题和油田"七五"、"八五"、"九五"开发规划编制研究等工作。他的辛勤工作，为大庆油田创造了巨大的经济效益，仅"表外储层"开发研究成果，就相当于为大庆增加了一个地质储量为7.4亿吨的大油田，按2亿吨的可采储量计算，价值2000多亿元。他是中共十五大代表，被授予"全国优秀共产党员"、"全国先进工作者"等荣誉称号。

王启民在工作中

『铁人』王进喜

王进喜(1923—1970),男,汉族,甘肃省玉门市人,中共党员。生前系中国石油大庆油田1205钻井队队长。

1950年春,王进喜成为新中国第一代石油钻探工人。面对新中国成立之初石油短缺的局面,他以强烈的责任感、高昂的政治热情投入到为祖国找石油的工作之中。1958年9月,他带领的钻井队创造了当时月钻井进尺的全国最高纪录,荣获“钢铁钻井队”的称号。

1959年,王进喜作为石油战线的劳动模范到北京参加群英会,看到大街上的公共汽车,车顶上背个大气包,他奇怪地问别人:“背那家伙干啥?”人们告诉他:“因为没有汽油,烧的煤气。”这话像锥子一样刺痛了他。王进喜后来说:“北京汽车上的煤气包,把我压醒了,真真切切地感到国家的压力、民族的压力,呼地一下子都落到了自己肩上。”他曾多次向工友们说:“一个人没有血液,心脏就停止跳动。工业没有石油,天上飞的,地上跑的,海上行的,都要瘫痪。没有石油,国家有压力,我们要自觉地替国家承担这个压力,这是我们石油工人的责任啊!”

1960年春,我国石油战线传来喜讯——发现大庆油田,一场规模空前的石油大会战随即在大庆展开。1960年3月,王进喜率队从玉门到大庆参加石油大会战,发扬“为国分忧,为民族争气”的爱国主义精神,为结束“洋油”时代而顽强拼搏。一到大庆,呈现在王进喜面前的是许多难以想象的困难:没有公路,车辆不足,吃和住都成问题。但王进喜和他的同事下定决心:有天大的困难也要高速度、高水平地拿下大油田。钻机到了,吊车不够用,几十吨的设备怎么从车上卸下来?王进喜说:“咱们一刻也不能等,就是人拉肩扛也要把钻机运到井场。有条件要上,没有条件创造条件也要上。”他们用滚杠加撬杠,靠双手和肩膀,奋战3天3夜,38米高、22吨重的井架迎着寒风矗立在了荒原上。这就是会战史上著名的“人拉肩扛运钻机”。要开钻了,可水管还没有接通。王进喜振臂一呼,带领工人到附近水泡子里破冰取水,硬是用脸盆、水桶一盆盆、一桶桶地往井场运去了50吨水。在重重困难面前,王进喜带领全队以“宁可少活

王进喜带领工人征服井喷

二十年，拼命也要拿下大油田”的顽强意志和冲天干劲，苦干5天5夜，打出了大庆第一口喷油井。在随后的10个月里，王进喜率领1205钻井队和1202钻井队，在极端困苦的情况下，克服重重困难，双双创造了年进尺10万米的奇迹。

在那些日子里，王进喜身患重病也顾不上去医院；几百斤重的钻杆砸伤了他的腿，他拄着双拐继续指挥；当王进喜带着腿伤、拄着拐杖在现场指挥打第二口井的时候，突然出现了井喷现象，如不及时压住，不仅会机毁人亡，连那高大的井架也要被吞没到地层里去。他当机立断，果断地采取措施，用水泥代替重晶石粉调泥浆压井，自己毫不迟疑地扔掉双拐，纵身跳进了泥浆，用身体去搅拌泥浆。经过3个小时的紧张搏斗，井喷被压住了，钻机被保住了，而王进喜的身上手上却被碱性很强的泥浆烧起了大泡。目睹这一切的当地老乡被深深地感动了，他们夸赞道：“王队长真是一个铁人啊！”从此，“铁人”的称号便在大庆油田传开，“铁人”成了中国工人阶级的骄傲！

由于长期积劳成疾，王进喜身患胃癌，在病床上仍然关心着油田建设，直到生命最后一刻，他病逝时年仅47岁。王进喜为我国石油工业的发展和社会主义建设作出了突出贡献，留下了宝贵的精神财富——铁人精神。他是第三届全国人大代表，被授予“全国劳动模范”等荣誉称号。铁人精神是“爱国、创业、求实、奉献”大庆精神的典型化体现和人格化浓缩，是中华民族精神的重要组成部分，得到历届中央领导的充分肯定，受到社会各界的广泛承认和高度评价。新中国成立40周年之际，王进喜与雷锋、焦裕禄、史来贺、钱学森一起被中共中央组织部命名为“建国以来在群众中享有崇高威望的共产党员的优秀代表”。世纪之交，他同孙中山、鲁迅、雷锋、焦裕禄、李四光、毛泽东、邓稼先、邓小平、袁隆平一起被评为“百年中国十大人物”，写入中华民族的光辉史册。

咱们一刻也不能等，就是人拉肩扛也要把钻机运到井场。有条件要上，没有条件创造条件也要上。

——王进喜

马班邮路上的忠诚信使

王顺友

王顺友，男，苗族，1965年10月出生，四川省木里藏族自治县人，中共党员。现为四川省凉山彝族自治州木里藏族自治县马班邮路投递员。

王顺友1985年参加工作至今，一直从事木里县城至白雕、三角垭、倮波乡的马班邮路投递工作。这段马班邮路往返里程360公里，山高路险，气候恶劣，有时一天要经过几个气候带。他经常露宿荒山岩洞、乱石丛林，经历了被野兽袭击、意外受伤乃至肠子被骡马踢破等艰难困苦。他常年奔波在漫漫邮路上，一年中有330天左右的时间在大山中度过，无法照顾多病的妻子和年幼的儿女，无论多么艰苦的情况，他都没有向组织提出过任何要求。他视邮件为生命，从未丢失过一封邮件。为保护邮件，他曾勇斗歹徒，也曾不顾个人安危跳入冰冷河水中抢捞邮件。他吃苦不言苦，饿了就吃几口糌粑面，渴了就喝几口山泉水，自编自唱山歌，独自走在艰苦寂寞的崎岖邮路上。24年来，他在雪域高原送邮行程达26万多公里，相当于走了21趟二万五千里长征。24年来，他没有延误过一个班期，没有丢失过一封邮件，投递准确率达到100%。在做好本职工作的同时，他还热心为农村发展经济办好事、办实事，为农民群众传递科技信息、致富信息，购买优良种子。为了给群众捎去生产、生活用品，王顺友甘愿绕路、甘愿贴钱、甘愿吃苦。多年来，王顺友成了邮路沿线百姓联系山外的纽带。他用实际行动实践着"为人民服务不算

苦,再苦再累都幸福”的人生追求,受到当地藏族同胞的衷心爱戴。

王顺友2001年荣获全国五一劳动奖章,2005年获 “全国劳动模范”、“四川省优秀共产党员”等荣誉称号,2006年获“全国优秀共产党员”荣誉称号,2007年当选为四川省第九次党代会代表。2007年9月王顺友被评为“全国敬业奉献道德模范”。

2006年2月,王顺友被评为“感动中国2005年度人物”,“感动中国”组委会授予王顺友的颁奖词是:他朴实得像一块石头,一个人一匹马,一段世界邮政史上的传奇,他过滩涉水,越岭翻山,用一个人的长征传邮万里,用20年的跋涉飞雪传书,路的尽头还有路,山的那边还是山,近邻尚得百里远,世上最亲邮递员。

『草鞋书记』邓平寿

邓平寿(1956—2007)，男，汉族，重庆市梁平县人，中共党员。1976年6月参加工作，生前系重庆市梁平县虎城镇党委书记。

参加工作30多年来，邓平寿扎根偏远艰苦农村，始终牢记党的宗旨，以强烈的事业心和责任感，扎根基层、真抓实干，创造性地开发农村特色产业，一心一意为群众办实事，使当地经济得到了迅速发展，被群众亲切地称为“草鞋书记”、“田坎书记”、“农民书记”。

1998年，邓平寿走上虎城镇党委书记岗位时，面对这个因贫困落后而闻名的穷山沟，以敢啃硬骨头而著称的他立下了要摘掉这顶穷帽子的誓言。

邓平寿提出了“修好一条路，耍好一条龙，壮大一根虫”的发展思路。“一条龙”即柚子带，“一根虫”即栽桑养蚕。他带领干部职工多方筹资，组织群众硬化了48条共108公里村级公路，还在各村建起标准卫生室。他聘请专家传授技术，发展壮大柚子、蚕桑等支柱产业，全镇蜜柚和蚕桑年收入达到500万元。他任虎城镇主要领导15年，全镇农业总产值增长8倍，工业总产值增长6倍多，地区生产总值增长3倍多；农民纯收入增长5倍，达到3000元，高于全县平均水平，成为重庆最早实现“自来水、电、电视、程控电话、硬化公路”五通的乡镇。

他生活俭朴，两袖清风，出差时总是住最低标准的房间，一件毛衣穿了20多年。

群众的日子一天天好起来，邓平寿的身体却一天天垮下去。2002年查出肺部良性肿瘤，手术后6天就回到镇上，在寝室里边输液边工作。2007年1月下村检查工作时，他因积劳成疾，突发重症胰腺炎倒在了工作第一线。2007年2月1日，这个“小病拖、大病磨，实在不行才吃药”的铁汉子，永远地离别了他无限眷恋的乡土和乡亲，而这一天离他51岁的生日还差3天。2007年邓平寿被重庆市委追授为“重庆市优秀共产党员”。中央主要媒体把他作为全国重大先进典型进行集中宣传。

邓建军

当代产业技术工人的突出代表

邓建军，男，汉族，江苏省常州市人，中共党员。1969年出生，现为江苏黑牡丹（集团）股份有限公司技术总监。

邓建军是当代产业技术工人的突出代表。他中专毕业后继续刻苦学习，坚持在实践中不断学习、在学习中大胆创新，从走出校门那天起，就给自己订下计划：每晚看一个半小时的技术书籍和有关资料。几年下来，他读了200多册专业书籍，在获得大专学历后继续攻读本科专业。知识积累使他成为工厂技术骨干，当公司进口的外国设备发生故障时，他带领工友们认真研究设备原理，破解了一道道外国设备维护、运行中的技术难题，为企业节约了大量生产成本。他敢于对进口设备进行改造，经改造后的外国设备，操作程序简单，与同类进口设备相比，更具可操作性，部分功能超过了同类进口设备，更符合中国的生产实际。

勇于科技创新，不断冲击世界纺织难题，是邓建军身上最夺目的闪光点。牛仔布的预缩率控制是个世界性难题。邓建军不断摸索，在失败中总结经验，终于找到了电子技术与气动技术相结合这把破解难题的“金钥匙”，用数控机床和电路板创造了牛仔布生产预缩工艺的行业最高标准，使黑牡丹牛仔布的预缩率精度控制在2.5%以内，优于3%的国际标准。他研制的“颜料组份分析计算机控制系统”填补了世界空白。他先后对染浆联合机进行了4次技术改造，解决了连续生产不停车这一技术难题。坚守一线岗位20多年来，他先后参与公司的技术创新项目近500个，其中，独立完成150个，给企业创造了3000多万元的经济效益。

如今，邓建军已声名远扬，但仍保持一线产业工人的本色，成为当代知识型、创新型产业工人的楷模。他以全国唯一的技术工人身份跻身“年度中国纺织十大创新人物”，被中宣部作为全国重大典型进行宣传。曾获“全国劳动模范”、“能工巧匠”、“全国技术能手”、“全国青年岗位能手”、“全国职工职业道德建设十佳标兵” 等荣誉称号及全国五一劳动奖章。2006年3月，他和其他5位工人劳模向全国职工发出了“知荣辱、树新风”倡议书。2007年，光荣当选党的十七大代表。

『两弹元勋』邓稼先

邓稼先（1924—1986），男，汉族，安徽省怀宁县人，中共党员，九三学社社员。著名核物理学家，中国科学院院士，生前系国防科工委副主任。

1925年，邓稼先随母到北京，在担任清华、北大哲学教授的父亲身边长大。他5岁入小学，在父亲指点下打下了很好的中西文化基础。1935年，他考入志成中学。邓稼先在校园中深受爱国救亡运动的影响，1937年北平（今北京）沦陷后秘密参加抗日聚会。在父亲安排下，他随大姐去了大后方昆明，并于1941年考入西南联合大学物理系。

1945年抗战胜利时，邓稼先从西南联大毕业，在昆明参加了共产党的外围组织"民青"，投身于争取民主、反对国民党卖国独裁的斗争。翌年，他回到北平，受聘担任了北京大学物理系助教，并在学生运动中担任了北大教职工联合会主席。抱着学更多的本领以建设祖国之志，他于1947年通过了赴美研究生考试，于翌年秋进入美国印第安那州的普渡大学研究生院。由于他学习成绩突出，不足两年便读满学分，并通过博士论文答辩。此时他只有26岁，人称"娃娃博士"。

1950年8月，邓稼先在美国获得博士学位9天后，便谢绝了恩师和同校好友的挽留，放弃国外优越的工作、生活条件，回到祖国。同年10月，邓稼先来到中国科学院近代物理研究所任研究员。此后的8年间，他进行了中国原子核理论的研究。1954年，邓稼先加入了中国共产党。

1958年秋，二机部副部长钱三强找到邓稼先，说"国家要放一个'大炮仗'"，征询他是否愿意参加这项必须严格保密的工作。邓稼先义无反顾地同意，回家对妻子只说自己"要调动工作"，不能再照顾家和孩子，通信也困难。从小受爱国思想熏陶的妻子明白，丈夫肯定是要从事对国家有重大意义的工作，表示坚决支持。从此，邓稼先的名字便在刊物和对外联络中消失，他的身影只出现在严格警卫的深院和大漠戈壁。

邓稼先就任二机部第九研究所理论部主任后，先挑选了一批大学生，准备有关俄文资料和原子弹模型。1959年6月，苏联政府中止了原有协议，中共中央下决心自己动手，搞出原子

邓稼先和夫人许鹿希合影

弹、氢弹和人造卫星。邓稼先担任了原子弹的理论设计负责人后，部署同事们分头研究计算，自己也带头攻关。在遇到一个苏联专家留下的核爆大气压的数字时，邓稼先在周光召的帮助下以严谨的计算推翻了原有结论，从而解决了中国原子弹试验成败的关键性难题。数学家华罗庚后来称，这是“集世界数学难题之大成”的成果。

邓稼先不仅在秘密科研院所里费尽心血，还经常到飞沙走石的戈壁试验场。1964年10月，中国成功爆炸的第一颗原子弹，就是由他最后签字确定了设计方案。他还率领研究人员在试验后迅速进入爆炸现场采样，以证实效果。他又同于敏等人投入对氢弹的研究。按照“邓—于方案”，最后终于制成了氢弹，并于原子弹爆炸后的两年零八个月试验成功。这同法国用8年、美国用7年、苏联用4年的时间相比，创造了世界上最快的速度。

1972年，邓稼先担任核武器研究院副院长，1979年又任院长。1984年，他在大漠深处指挥中国第二代新式核武器试验成功。翌年，他的癌细胞扩散已无法挽救，他在国庆节提出的要求就是去看看天安门。1986年7月16日，时任国务院副总理的李鹏同志专程前往医院，代表国务院授予他全国五一劳动奖章。

1986年7月29日，邓稼先因病去世，享年63岁。1999年国庆50周年前夕，党中央、国务院和中央军委追授邓稼先金质“两弹一星”功勋奖章。

选择了核武器，就意味着选择了牺牲和付出。可是，我对自己的选择，终生无悔。假如生命终结之后能够再生，那么，我仍选择中国，选择核事业……

——邓稼先

感动中国的爱心大使
丛飞

丛飞(1969—2006),原名张崇,男,汉族,辽宁省盘锦市人,中共党员。生前系深圳市义工联艺术团团长。

丛飞是一名用爱心感动中国的业余歌手。从他看到失学儿童的第一眼到英年早逝,一直怀着诚挚的爱心,致力于社会公益慈善事业,几乎把所有的时间都给了那些需要帮助的孩子,先后20多次赴贵州、湖南、四川、云南及山东等地贫困山区认养、资助一批批辍学儿童。十多年中,他先后资助了包括彝族、布依族、苗族、白族、羌族等10多个少数民族的100多名贫困失学儿童和残疾人,累计捐款金额超过300万元,但自己却一直过着清贫的生活。丛飞的家只有58平方米,非常俭朴。有时为了及时给山区的孩子们交学费,丛飞还向一些朋友借钱,前后共欠下了17万元的债务。2005年5月17日,丛飞的病情迅速加重,他却从大家捐给他治病的钱中留下3个疗程的化疗费后,拿出2万元捐往贵州贫困山区。生命垂危时他想的仍是贫困山区的孩子。

加入深圳义工联的10年中,他义工服务时间超过6000多小时,为社会公益演出400多场,占演出总量的一大半。

2006年4月20日,曾无私救助183名贫困儿童的丛飞,因患晚期胃癌而病逝,年仅37岁。就在生命最后一刻,他还不忘奉献社会,把自己的眼角膜捐献出来,为6位眼疾患者带来了光明。丛飞用短暂的生命谱写了一曲助人为乐、无私奉献的动人乐章。

丛飞获全国青少年“身边最让我感动的人”等荣誉称号和中国青年志愿服务金奖、首届中华慈善奖。2006年2月,丛飞被评为“感动中国2005年度人物”。“感动中国”组委会授予丛飞的颁奖词是:从看到失学儿童的第一眼到被死神眷顾之前,他把所有的时间都给了那些需要帮助的孩子,没有丝毫保留,甚至不惜向生命借贷,他曾经用舞台构筑课堂,用歌声点亮希望。今天他的歌喉也许不如往昔嘹亮,却赢得了最饱含敬意的喝彩。2007年9月,丛飞被评为“全国助人为乐道德模范”。

『抓斗大王』

包起帆

包起帆，男，汉族，1951年2月生，浙江省镇海市人，中共党员。现任上海国际港务（集团）股份有限公司副总裁。

包起帆是一名从码头工人成长起来的教授级高级工程师，长期在港口生产一线从事物流工程的研发工作。20世纪80年代，包起帆结合港口生产实际，开展新型抓斗及工艺系统的研发，相继发明了新型木材抓斗、生铁抓斗、废钢抓斗系列，创造性地解决了一批关键技术难题，被誉为“抓斗大王”。

进入新世纪，包起帆又领军发明了在国际上被誉为“人类运输方式革命”的集装箱电子标签系统。2006年5月，在第九十五届巴黎国际发明博览会上，他一次获得4项金奖，成为105年来一次获得该展会奖项最多的人。20多年来，他与同事共同完成了120多项技术创新项目，其中3项获国家发明奖，3项获国家科技进步奖，18项获省部级科技进步奖，30项获国际发明展览会金奖。

2009年5月，国际标准化组织正式任命他负责领导工作组编写集装箱电子标签国际标准，标志着中国航运界在领衔制定国际标准方面实现了零的突破。

长期以来，包起帆把自己搞发明、搞创新获得的国家级、省部级、局级的各类奖金和国务院专家津贴，全部捐送给了企业伤残职工和困难职工。这条自立的规矩，他已整整坚持了25年。2005年，他又获得了全国职工技术创新一等奖，20万元奖金，其中18万分给了同事们，2万送给了两名瘫痪在家的老职工。

包起帆是党的十四大、十五大、十六大、十七大代表，20世纪90年代被中宣部选树为全国重大宣传典型，1997年被评为“全国优秀共产党员”，1989年、1995年、2000年和2004年先后4次荣获“全国劳动模范”称号，1986年、2004年两次获得全国五一劳动奖章，2007年9月被评为“全国道德模范”。

史光柱

身残志坚的战斗英雄

史光柱，男，汉族，1963年出生，云南省马龙县人，中共党员。1982年入伍，中国人民解放军77283部队原副政委，现任中国残联作家联谊会副会长、中国作家协会会员。

史光柱在1984年收复老山的战斗中，指挥全排英勇杀敌，先后4次8处受伤。左眼球被打掉了，右眼球被打进两块弹片。从昏迷中被战友喊醒后，依然坚持指挥战斗。全排同志在他的英勇献身精神鼓舞下，攻占了57号、50号高地，出色完成了战斗任务。在医院治疗期间，当他知道双眼已经无法重见光明时，他以保尔·柯察金和张海迪为榜样，决心振作精神，战胜伤残，做生活的强者。他说，我的双目虽然已经失明，但我心中一片光明。

20多年来，他身残志坚，在生命的制高点上，依靠顽强的毅力，不断超越自我，克服了常人难以想象的困难。在1985年中央电视台春节联欢晚会上，史光柱唱着歌曲《小草》走进千家万户，并多次在全国作事迹报告，是20世纪80年代大学生心目中的杰出青年。1986年，史光柱被特招进入深圳大学中文系汉语言文学专业学习，以优异成绩完成本科学业，成为我国第一位获得学士学位的盲人。他坚持文学创作，在国内外发表诗歌、散文500余篇，作品获全国性文学奖17次。诗集《我恋》获广东省第三届鲁迅文学奖，《背对你投下黑色的河流》获深圳大鹏文学奖，《眼睛》获国家新闻出版总署奋发文学进步图书奖、云南省第二届文艺文学类一等奖。他被誉为中国的保尔·柯察金。多年来，他还拖着残疾的身躯，坚持参与社会公益活动，先后帮助千余名残疾人重新燃起生活的希望。

1984年史光柱被中央军委授予“一级战斗英雄”荣誉称号，荣立一、二、三等功5次，1990年被中组部、中宣部、总政治部、人事部、中国残联联合授予“全国自强模范”称号，2005年10月从77283部队副政治委员职位退休，2006年被中国文联、中华基金会联合评选为“全国十佳卓越人物”。

史来贺

农民致富的领头人

史来贺（1930—2003），男，汉族，河南省新乡市七里营镇刘庄村人，中共党员。生前系刘庄村党支部书记。

20世纪50年代，史来贺的名字就响遍全国。他以共产党人的奉献精神与满腔热情帮助群众树立起战胜贫困的信心，使穷了几辈子的乡亲坚信：跟着共产党走，坚持走社会主义道路，就有奔头！在长达51年的农村基层党组织负责人岗位上，史来贺带领全村党员干部群众坚定不移地走社会主义道路，自力更生，艰苦创业，使昔日穷得叮当响的刘庄成为闻名全国的社会主义新农村的典范。

1952年12月，年仅21岁的史来贺当选为刘庄村党支部书记，上任伊始，他就带领刘庄人战天斗地，挑起了带领全村人治穷致富的重担。从任村支书的那天起他就立下誓言："跟党走，拔掉穷根，让老百姓过上好日子！"从1953年开始，史来贺带领刘庄人车推、肩挑、人抬，起岗填沟，拉沙盖碱，用了整整20年，把刘庄周围750多块凹凸不平的"盐碱洼"、"蛤蟆窝"荒地改造成了现代化农业园区。他潜心研究棉花种植经验，使皮棉平均亩产量达到当时全国平均产量的3倍，刘庄也因此一跃成为全国的先进典型。随后，史来贺带领刘庄人兴办起畜牧场，由3头小奶牛起家的小畜牧场迅速发展成为拥有上千头牲畜的大畜牧场，成为刘庄发展商品经济的突破口。

为了让刘庄群众富起来，史来贺又向工业挺进，兴办起机械厂。机械厂生产的小喇叭曾响遍全国各地；小型奶粉机销往全国二十多个省区市。机械厂从仅有三个半人的铁木业组迅速发展成为拥有几十台机床的大厂。接着，史来贺带领刘庄人又陆续建起了食品厂、造纸厂、淀粉厂等。刘庄村办企业的发展，既有效地解决了剩余劳动力问题，也为集体积累了越来越多的财富。

十一届三中全会以后，史来贺带领群众向高科技进军，建起全国最大的生产肌苷的华星药厂。肌苷产量占全国的一半以上。运用新掌握的领导科学和管理知识，史来贺带领刘庄形成了以农促工、以工建农、农工商并举的商品经济的新格局。他重视农业的基础地位，向机械化要速度。现在，刘庄拥有拖拉机、播种机、联合收割机、汽车等大型机械近千台，还有农用飞机一架，新式喷雾器100多部。耕地、播种、脱粒、运输、治虫、浇水、收获等，全部实现了机械化。

史来贺带领村民改变贫穷面貌

史来贺用他的无私奉献、廉洁奉公，带出了好党风、好村风、好民风，使刘庄经济、社会发展迈上了一个又一个新的台阶。他常说，干部，干部，就要先干一步。搞农业，他与群众一道起早贪黑，心往一处想，汗往一处流；办企业，他与技术人员一道进行市场调查，组织论证，搞试验，攻难关，呕心沥血。刘庄的每一块田地、每一个企业，刘庄的一草一木、一砖一石，都凝聚着他的心血和汗水。

2003年4月23日下午7时20分，史来贺带着对刘庄人民的无限眷恋，走完了他为民造福的人生路程。

史来贺虽然去世了，但他在刘庄土地上播入的艰苦奋斗的革命种子，正在发芽成长。他一心为集体、一心为群众，已成为广大干部群众学习的榜样。

史来贺先后被授予“全国劳动模范”、“全国优秀共产党员”、“全国优秀党务工作者”、“全国优秀领导干部”、“全国民兵英雄”称号。16次进京参加国庆观礼，多次受到毛泽东、周恩来、刘少奇、邓小平、江泽民、胡锦涛等党和国家领导人的接见。1990年，中共中央组织部把他的名字与雷锋、焦裕禄、王进喜、钱学森并列为“建国以来在群众中享有崇高威望的共产党员的优秀代表”。

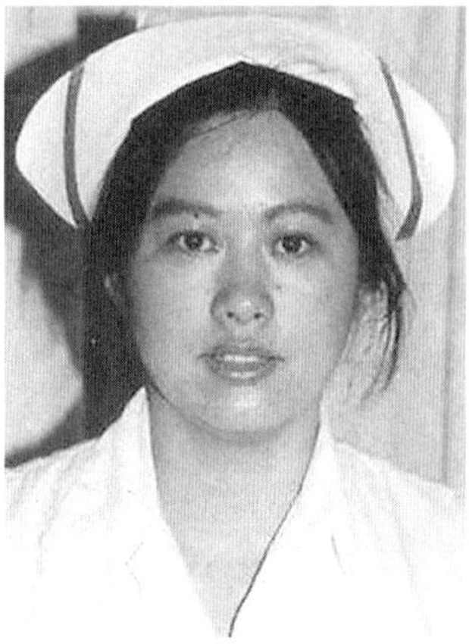

叶欣

永远的白衣战士

叶欣（1956—2003），女，汉族，广东省徐闻县人，中共党员。1972年参加工作，生前系广东省中医院二沙分院急诊科护士长。

叶欣爱岗敬业、忠于职守，在急诊科工作20年，每当急诊科有传染性疾病患者前来就诊时，叶欣总是一马当先，尽量不让年轻的小护士们沾边。每次她总是说："你们还小，这病危险！"对待这类病人，她护理得格外耐心、细致，没有一丝的嫌弃。对于家境贫寒的病人，她甚至主动出钱为病人买东西。广东省中医院二沙分院刚建立时，叶欣主动请缨，提出到二沙急诊科担任护士长，负责繁重的护理组建工作。

2003年春节前后，"非典"开始在广州一些地区流行，叶欣所在广东省中医院二沙分院担负了接诊"非典"患者的任务。面对具有强烈传染性的"非典"病情，面对死神的挑战，作为急诊科护士长的叶欣周密筹划、冷静部署，始终坚持亲临现场，战斗在第一线，使整个护理工作有条不紊地进行。每当有疑似或者确诊病人送来，叶欣总是冲在最前面，最艰难的工作争着干，最危险的活抢着做。为了减少其他人的感染机会，她几乎包揽检查、抢救、治疗和护理工作。她一次次临危不惧，冒着生命危险抢救患者，一次次把危重病人从死亡线上拉了回来。

2003年3月4日中午，极度疲倦的叶欣开始出现发热症状，被确诊感染上了"非典"。为了救治叶欣，医院在最短时间内成立了治疗小组。叶欣的病情几乎牵动了所有人的心。广东省委、省政府领导和省卫生厅领导，到医院了解治疗情况。省卫生厅、省中医药管理局、广州中医药大学的领导也为抢救叶欣提供了技术、物质、器械的支持。

2003年3月25日凌晨1时30分，就在叶欣最后所抢救的也是传染给她"非典"的那位患者健康出院后不到一个星期，叶欣永远离开了她所热爱的岗位、战友和亲人，年仅47岁。2003年4月16日《健康报》发表了《永远的白衣战士——追记广东省中医院护士长叶欣》的通讯，讲述了叶欣护士长不顾个人安危顽强抗击"非典"的感人事迹。叶欣被追授为"全国优秀共产党员"、"革命烈士"，荣获白求恩奖章、国际南丁格尔奖章。

爱岗敬业的好记者 甘远志

甘远志（1965—2004），男，汉族，四川省广安县人，中共党员。生前系海南日报社经济部主任记者。

甘远志从事新闻工作18年，尤其是2001年6月调到海南日报社后，更是以高度的政治觉悟、社会责任感和顽强拼搏精神，采写了许多有分量、有影响力的新闻作品。他仅在海南日报社工作的1000多个日子里，采写的稿件就达1000多篇。

为了给读者提供最新、最鲜活的报道，他总是第一时间赶到现场。1989年7月10日，华蓥市溪口镇发生特大滑坡，221人被深埋在近百万方泥土、石块里面。甘远志主动请战去搞现场报道，2小时就进入了滑坡区。当时，局部滑坡仍在继续，他不顾个人安危，直往滑坡的马鞍山上冲，采访了在现场的武警官兵、当地干部群众。连续7天，他都一早上山采访，晚上下山写稿，每天工作16小时以上。2001年8月底9月初，连续的狂风暴雨使东方市洪水肆虐，甘远志身披雨衣仍全身湿透，唯有笔记本紧紧揣贴在怀里，人都站不住，还奔跑在抗洪前线。几天几夜，他与干部群众在一起吃快餐、啃馒头，现场采访写稿。他除按报社要求发了3篇稿件，还采写了反响强烈的特写《为了11名民工的生命》、《大坝上的9小时》和长篇通讯《洪流滔滔显本色》。以前是报道空白的领域，他挖出了源源不断的新闻；以前少有问津的部门，却被他跑成“热门”；枯燥的、难采访的题材，难出稿、别的记者不愿跑的部门，成了他报道中最活跃的领域。不是新闻的，拿钱买不动他；该监督批评的，恐吓拦不住他。他始终以一个新闻人的姿态奔波在路上。他用一个新闻工作者的良知、责任和精神，为这个行业树起了一面旗帜。

2004年9月4日，在海南省东方市采访途中，他因突发心脏病不幸逝世，年仅39岁。

中宣部、中国记协、全国新闻战线“三项学习教育活动”领导小组办公室联合发出《关于在全国新闻界开展向甘远志同志学习活动的通知》，海南省授予甘远志同志“爱岗敬业的好记者”荣誉称号。海南省委宣传部、海南省电影电视剧制作中心、中央电视台电影频道、中国电影基金会等联合拍摄了彩色故事片《记者甘远志》。

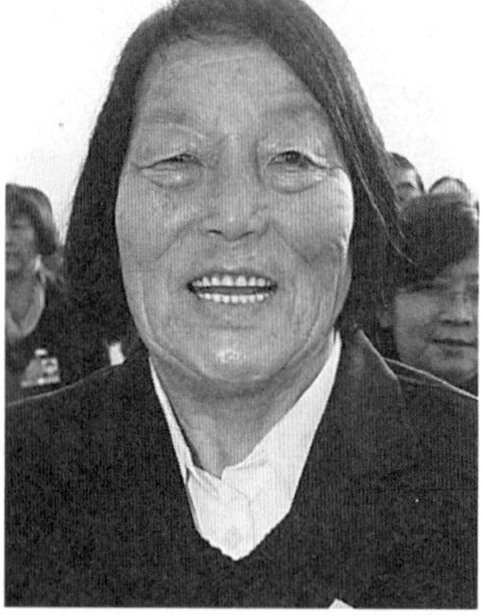

申纪兰

人民群众的贴心人

申纪兰，女，汉族，1929年12月出生，山西省平顺县西沟村人，中共党员。现任长治市人大常委会副主任、平顺县西沟乡西沟村党总支副书记、西沟村金星经济合作社社长。

半个多世纪以来，不管形势如何变化，地位如何变迁，她始终坚持扎根西沟，建设农村。20世纪70年代，在担任省妇联主席时，明确提出自己“不转户口、不拿工资、不离西沟”。

几十年里，她带领西沟群众在荒山上造林25000亩，在干石河滩上筑坝7座、闸谷坊800余座、造地900亩，营造了一座座“绿色银行”，开发了一块块肥沃良田，把一个几乎不具备生存条件的旧西沟建成全国农业战线的一面红旗，建成全国闻名的模范村。

改革开放以来，她很快完成了从一个农业劳模向现代企业家的角色转换。她不顾自己年老体弱，上北京、下江南，跑项目、引人才，利用本地丰富的硅矿资源优势，先后建成了铁合金厂、焦化厂等企业，初步形成了以建筑建材、冶炼化工、农副产品加工和外向型企业为主的有西沟特色的企业发展新格局。同时，利用自身和西沟的“名人名村”优势，建成了展览馆、太行之星纪念碑、村史亭、老西沟互助组雕塑、西沟森林公园等旅游景点，形成了以爱国主义教育和森林休闲为主的红色旅游和绿色旅游。

在社会主义新农村建设进程中，她确立了“站在新起点，抓住新机遇，建设新西沟，再铸新辉煌”的发展思路，提出了西沟新农村建设“十大工程”（以党带村、依法治村、科教兴村、环境美村、信息灵村、旅游名村、农业稳村、林果富村、商贸活村、企业强村）和“六大目标”（建成全国农业生态观光旅游示范区、国家级森林公园、山西省红色旅游基地、山西省爱国主义教育基地、长治市党员干部廉洁从政教育基地和平顺县经济强村），带领全体干部群众努力奋斗，把一个落后的纯农业村变成农、林、牧、工、商、游全面发展的现代化新农村。

申纪兰是全国唯一连任第一届至第十一届的全国人大代表，首届世界妇女代表大会代表，3次被评为全国劳动模范；2001年，被中组部授予“全国优秀共产党员”称号；2007年，被评为“全国巾帼建功标兵”；2007年9月申纪兰被评为“全国敬业奉献道德模范”。

支教模范

白芳礼

白芳礼(1913—2005),男,汉族,河北省沧州市人。生前是天津市河北运输场退休职工。

白芳礼13岁起就给人打短工,1944年逃难到天津,流浪几年后当上了三轮车夫,后进入天津市河北运输场工作。1987年,已经74岁的他决定靠自己蹬三轮车的收入帮助贫困的孩子实现上学的梦想。为了梦想,他曾在夏季烈日的炙烤下,从三轮车上昏倒过去。为了在车站前拉活方便,他搭了个3平方米的小铁皮棚子,在里面住了5年。按每蹬一公里三轮车收5角钱计算,老人相当于蹬着三轮车绕地球赤道18圈。为了能多挣一点钱,他生活俭朴,每天的午饭总是两个馒头、一碗白开水。老人已经好多年不住在家里,特别是老伴去世后他就以车站边的售货亭为家,所谓"床",只不过是两摞砖上面搁的一块木板和一件旧大衣。冬天,寒风凛冽,夏天,骄阳似火,在一层薄薄铁皮做成的小棚子里,老人度过了一个个酷暑严冬。后来市政府号召要整治车站街道环境,小卖铺、小亭子都得拆掉。老人带头响应政府的号召,拆了他的这个小棚子。没有"屋"了,他就用块摊开的塑料编织袋布和四根小木杆撑起了一个只有半人高的小棚。暴雨之后,经常能看到老人在太阳下晒被雨水浸湿的被褥。为了帮助更多的学生,已经81岁高龄的白芳礼硬是把自己的两间老屋给卖了,又贷款成立"白芳礼支教公司",挣得的利润全部捐给了贫困的孩子。几年来,他捐款35万元,资助了300多个孩子上学。2001年,白芳礼捐出了最后一笔钱。年近90岁的他已无力再蹬三轮车,也无力再经营他的支教公司了,这时他就在车站给人看车,还把一角两角的零钱装在一个饭盒里,存够500元后又捐了出去。

为了让贫困的孩子们能安心上学,白芳礼老人几乎是在用超过极限的生命努力支撑着。他为学生们送去的每一分钱,都是用自己的双腿一脚高一脚低那么踩出来的,是他每日不分早晚,栉风沐雨,用淌下的一滴滴汗水积攒出来的,来之不易,来之艰辛!

他的默默奉献精神,感动了广大干部群众,得到社会各界的广泛认同。2005年他被中央文明办等部门授予"全国关心下一代先进工作者",被全国总工会等部门授予"全国职业守法先进个人"等荣誉称号。

『警界女神警』任长霞

任长霞(1964—2004),女,汉族,1964年2月8日生,河南省睢县人,中共党员。生前系河南省登封市公安局党委书记、局长。

1983年10月,任长霞从河南省人民警察学校毕业后分配到郑州市公安局中原分局工作,担任预审科民警,她在日记本中写下这样一段话:“能成为一名打击犯罪、保护人民的人民警察,能亲手抓获犯罪分子、还老百姓公道,是我人生最大的追求。”也正是从这时开始,她就立下了将自己的一生献给公安事业的誓言。

1992年11月,任长霞在郑州市公安系统和政法系统岗位练兵大比武中,力克群雄,双双夺冠。1994年11月,又在全省预审岗位练兵大比武中,夺得第一名。在工作实践中,任长霞更注重探索和积累办案经验,提高审讯技巧。凭着自己娴熟的预审技能,顽强的工作作风,她直接审理了各类刑事案件1072起,追捕逃犯950人,在河南省预审战线上创造出了无人比拟的业绩。

1996年10月,任长霞担任郑州市公安局法制室副主任,1998年11月,被任命为郑州市公安局技侦支队支队长后,她多次深入虎穴,化装侦察,亲自抓获了中原第一盗窃高档轿车主犯,先后打掉了7个涉黑团伙,抓获犯罪嫌疑人370多名,被誉为“警界女神警”。

任长霞召开群众大会

2001年,任长霞调任登封市公安局局长,成为河南省公安系统有史以来的第一位女公安局长。她坚持定期接待老百姓,倾听群众呼声,查处信访积案,3年中共接待群众信访3000多人次,使400多户上访老户罢访息诉。她维护群众利益，要求公安工作从老百姓关注的事情做起，她走遍了登封市农村的千家万户，走到哪里就把公安干警的义务和责任履行到哪里，做到人民公安为人民，使人民群众切实感受到党和政府的温暖。她带领全局民警共破获各种刑事案件2870多起，抓获犯罪嫌疑人3200余人，有力地维护了登封社会治安和稳定的政治大局。

2004年4月14日晚8时40分，她在侦破“1·30”案件途中发生车祸，因受重伤随即被送往郑州市中心医院抢救，经过4个小时的紧急抢救，终因伤势过重，不幸因公殉职，年仅40岁。

任长霞的事迹在广大人民群众中引起强烈反响，胡锦涛、温家宝等中央领导同志对学习宣传任长霞同志作出重要批示，为纪念任长霞逝世一周年，由中宣部、公安部、中央电视台电视剧制作中心、河南电视台联合录制的21集电视连续剧《任长霞》2005年4月13日在中央电视台一套节目黄金时段播出。该剧艺术地再现了任长霞为民亲民、以民为本、公正执法的光辉形象和她崇高的精神品质。同时，塑造出人民警察的英雄群像，是一部艺术真实与事实真实相统一的优秀作品。

登封各界群众送别任长霞

任长霞曾先后荣获全国“三八”红旗手、“中国十大女杰”、“全国青年岗位能手”、“全国优秀人民警察”等20多项荣誉称号及全国五一劳动奖章，以自己的毕生心血忠实地履行了“立警为公、执法为民”的神圣职责。2004年6月，任长霞被公安部追授“全国公安系统一级英雄模范”称号。2005年2月，任长霞被评为“感动中国2004年度人物”。“感动中国”组委会授予任长霞的颁奖词是：她是中原大地上的又一个女英雄。扫恶打黑，除暴安良，她铁面无私；嘘寒问暖，扶危济困，她柔肠百转。十里长街，白花胜雪，挽幛如云，那是流动在百姓心中的丰碑！一个弱女子能赢得百姓的爱戴，是因为，在她的心里有对百姓最虔诚的尊重！

作为一名领导干部，要事事、处处、时时以个人的人格力量去教育大家，感化大家，激励大家。

——任长霞

刘文学

为保护集体财产英勇牺牲

在重庆市合川区渠嘉乡双江村，坐落着小英雄刘文学的墓园，每年都有不少小学生前来这里为小英雄扫墓。在50年前，这位年仅14岁的少先队员为了维护集体利益，拒绝威逼利诱，和偷盗集体财产的犯罪分子搏斗，最后牺牲了生命。他的事迹曾在上个世纪60年代传遍祖国大江南北，至今仍感染着一代又一代人。

刘文学1945年2月出生于四川省合川县（今属重庆市）渠嘉乡双江村一个贫苦农民的家庭，1952年9月进入双江村小学学习。1957年秋，他光荣地加入了中国少年先锋队。刘文学当年的同学李天益等人回忆说，刘文学学习成绩好，经常帮助同学，而且热爱劳动，14岁就能挑七八十斤的担子。他是村里人公认的“小大人”。

1959年11月18日晚12时左右，刘文学在地里参加完集体劳动，回家时路过一块辣椒地，发现同村的王荣学正在偷辣椒，打算带到城里去卖。刘文学立即上前拉住王荣学，要向生产队报告。王荣学情急无奈，掏出一元钱递给刘文学，还假称和刘文学有亲戚关系，希望他能放自己一马，但刘文学丝毫没有动摇保护集体利益的决心，坚决拒绝了。气急败坏的王荣学顿时起了歹心，想要置刘文学于死地。两人在地里搏斗起来，最后，年仅14岁的刘文学由于年小力弱，被40多岁的王荣学用背篼绳子勒死在地里。

刘文学牺牲后，合川体育场举行了万人追悼会，共青团合川县委员会追认刘文学为“模范少先队员”；1960年年初，共青团江津地委追认刘文学为“模范少先队员”。此后，全国少儿开展了“学习刘文学，做党的好孩子”的活动；1983年10月，民政部批准刘文学为革命烈士。

为保护集体财产英勇牺牲的刘文学受到群众的怀念，他公而忘私的崇高精神感染了一代又一代人，关于他事迹的书籍、连环画受到群众的欢迎。直到今天，合川区的群众还传唱着《歌唱刘文学》等歌谣，以纪念这位新中国的少年英雄。

『人民的好儿子』刘英俊

刘英俊(1945—1966),男,汉族,1945年4月出生,吉林省长春市人,中共党员。1962年入伍,生前系中国人民解放军驻黑龙江佳木斯市65444部队重炮连战士。

刘英俊把“忠诚于党”作为人生最高的价值追求,树立革命人生观。他担任部队驻地附近小学校外辅导员,经常给小朋友讲革命传统,还用节省的津贴给学校购买图书。他乐于助人,甘于奉献。在连队,他是“业余修理员”,主动修理损坏的连队桌椅、门窗。在医院住院,他是“劳动休养员”,帮助重病号打水、端饭,协助医护人员扫地、刷痰盂。在出差途中,他是“义务勤务员”,扶老携幼,急人所难,好事做一路。

1966年3月15日,刘英俊所在炮连到佳木斯市郊外执行训练任务过程中,一辆炮车辕马被汽车喇叭震惊,冲向人群,情况十分危急。担任炮车驭手的刘英俊用肩膀猛抵惊马,惊马被迫拐上公路旁侧小道。但这时炮车前面不远处的6名儿童,被飞奔而来的惊马吓得不知所措,生命受到威胁。刘英俊不顾个人危险,用力将缰绳缠在胳膊上,向后猛力一拉,使惊马前蹄腾空而起。接着,他双脚踢向马的后腿,使尽全身力气踢倒惊马。6名儿童安然脱险,他却被压在翻倒的车下,身负重伤。

目睹这场舍己救人英雄行为的群众,一拥而上,急忙将他救起,把他抬送到附近的职工医院抢救。这时,许多候车的乘客、上班的工人、上学的学生,都被他的英雄行为所感动,关切地紧跟在后面。几百名群众和战士,纷纷要求为他献血。由于伤势过重,抢救无效,他光荣牺牲,年仅21岁。

1966年,刘英俊所在部队党委追认他为中国共产党党员,并追记一等功。1966年7月14日,中国人民解放军总政治部发出向刘英俊学习的通知。同年7月28日,《人民日报》发表题为“人民的好儿子”的社论,把学习活动推向全国。为了永久纪念,吉林省将其家乡改名为“长春市二道河子区英俊乡”。英雄的牺牲地佳木斯市为纪念“人民的好儿子”刘英俊烈士牺牲30周年,1996年3月初,共青团佳木斯市委倡议,在烈士牺牲地建立爱国主义教育基地,为刘英俊重塑雕像。

华罗庚

数学大师 科学巨匠

华罗庚(1910—1985),男,汉族,1910年11月12日出生,江苏省金坛县人,中共党员,民盟盟员。生前曾任中科院数学研究所所长,全国政协副主席,是我国著名数学家。

华罗庚在国际数学界享有盛誉,为中国当代数学发展及应用作出了重大贡献。

他幼时爱动脑筋,因思考问题过于专心常被同伴们戏称为"罗呆子"。他进入金坛县立初中后,其数学才能被老师王维克发现,并尽心尽力予以培养。初中毕业后,华罗庚曾入上海中华职业学校就读,因拿不出学费而中途辍学,故一生只有初中毕业文凭。

此后,他开始顽强自学,每天达10个小时以上。他用5年时间学完了高中和大学低年级的全部数学课程。1928年,他不幸染上伤寒病,靠新婚妻子的照料得以挽回了生命,但左腿落下了残疾。1930年春,他的学术论文《苏家驹之代数的五次方程式解法不能成立的理由》引起了时任清华大学数学系主任熊庆来教授的高度重视,邀请他到清华大学工作。从1931年起,华罗庚在清华大学边工作边学习,用一年半时间学完了数学系全部课程。他还自学了英、法、德文,在国外杂志上发表了三篇论文后,被破格任用为助教。1936年夏,华罗庚被保送到英国剑桥大学进修,两年中发表了十多篇论文,赢得国际数学界的赞赏。1938年,华罗庚回国后,在西南联合大学任教授。在昆明郊外一间牛棚似的小阁楼里,他艰难地写出名著《堆垒素数论》。1946年3月,他应邀访问苏联,回国后不顾反动当局的限制,在昆明为青年作"访苏三月记"的报告。1946年9月,华罗庚应纽约普林斯顿大学邀请去美国讲学,并于1948年被美国伊利诺伊大学聘为终身教授。不久,妻子带着三个儿子来到美国与其团聚。1949年新中国成立后,他放弃了美国一所大学给他终身教授的优厚待遇,克服重重困

工作中的华罗庚

难回到祖国怀抱，投身于我国数学科学研究事业。1950年3月，他到达北京，随后担任了清华大学数学系主任、中科院数学研究所所长等职。

20世纪50年代，他在“百花齐放、百家争鸣”的学术氛围下著述颇丰，在多复变函数、数论、代数及应用数学等研究领域取得了杰出成果，有许多定理、引理、不等式、算式与方法以他的名字命名。他还以极大的热情关注社会主义建设事业，致力于数学为国民经济服务。在生命的最后20年，他几乎把全部精力投入到推广应用数学方法的工作之中，特别是“双法”——优选法、统筹法的推广应用，取得了重大经济效益和社会效益。他还发现和培养了王元、陈景润等数学人才。1956年，他着手筹建中科院应用数学研究所。1958年，他担任中国科技大学副校长兼数学系主任。1978年3月，他被任命为中科院副院长并于翌年入党。

晚年的华罗庚不顾年老体衰，仍然奔波在建设第一线。他多次应邀赴欧美及香港地区讲学，先后被法国南锡大学、美国伊利诺伊大学、香港中文大学授予荣誉博士学位，还于1984年以全票当选为美国科学院外籍院士。1985年6月12日，他在日本东京作学术报告时，因心脏病突发不幸逝世，享年75岁。

聪明在于勤奋，天才在于积累。

时间是由分秒积成的，善于利用零星时间的人，才会做出更大的成绩来。

科学的灵感，决不是坐等可以等来的。如果说科学上的发现有什么偶然的机遇的话，那么这种“偶然的机遇”只能给那些学有素养的人，给那些善于独立思考的人，给那些具有锲而不舍的精神的人，而不是给懒汉。

科学是实事求是的学问，来不得半点虚假。

我想，人有两个肩膀，应该同时发挥作用，我要用一个肩挑着送货上门的担子，把科学知识和科学工具送到工人师傅手里；另一个肩膀可以作人梯，让青年们踏着攀登科学的更高一层山峰。

学习和研究好比爬梯子，要一步一步地往上爬，企图一脚跨上四五步，平地登天，那就必然会摔跤了。

任何一个人，都要必须养成自学的习惯，即使是今天在学校的学生，也要养成自学的习惯，因为迟早总要离开学校的！自学，就是一种独立学习、独立思考的能力。行路，还是要靠行路人自己。

科学是老老实实的学问，搞科学研究工作就要采取老老实实、实事求是的态度，不能有半点虚假浮夸。不知就不知，不懂就不懂，不懂的不要装懂，而且还要追下去：不懂，不懂在什么地方；懂，懂在什么地方。老老实实的态度，首先就是要扎扎实实地打好基础。科学是踏实的学问，连贯性和系统性都很强，前面的东西没有学好，后面的东西就上不去；基础没有打好，搞尖端就比较困难。我们在工作中经常遇到一些问题解决不了，其中不少是由于基础未打好所致。一个人在科学研究和其他工作上进步的快慢，往往和他的基础有关。

——华罗庚

『烈火英雄』

向秀丽

向秀丽(1933—1959),女,汉族,广东省清远市人,中共党员。生前系广州何济公制药厂工会委员、班长。

1952年,她担任了广州市和平制药厂第一届工会组织委员和女工委员。1953年团支部吸收她参加青工学习班,她积极参加广州市公私合营的社会主义改造,认真贯彻执行党的方针政策,维护工人阶级的利益,1954年加入了共青团。1956年公私合营后,向秀丽成为广州何济公制药厂一名包装工。她工作积极,埋头苦干,不讲价钱,多次被评为先进工作者。

1958年10月,她光荣地加入了中国共产党。她克服文化水平不高的困难,刻苦钻研,掌握了甲基硫氧嘧啶化学药剂试制操作技术。1958年12月13日晚,向秀丽和两个当班的工人正忙碌地工作,突然一瓶无水酒精脱手滑落,瓶身破裂,瓶内酒精全部泻出,向四周漫流,因受附近制药用的正在燃烧的10个煤炉的热辐射,酒精迅速燃烧起来。如不及时扑灭,将会引起不远处60多公斤易燃易爆的金属钠爆炸。一旦金属钠爆炸,将引起整个厂区及附近居民区的重大火灾,后果不堪设想。在这千钧一发之际,向秀丽奋不顾身地用自己的身躯扑向燃烧的酒精,很快,火苗就扑向她那沾满酒精的双手和衣衫。同伴冲上前去,要为向秀丽扑灭身上的火。可是,她坚决地对同伴说:“不要管我,赶快叫人来救火。”她为前来抢救的人们赢得了时间,终于制止了一场危在眉睫的爆炸事故。工厂保住了,附近居民的生命财产保住了,而向秀丽被严重烧伤。她全身烧伤面积达67%,其中二、三度烧伤占65%。她在医院休克了三天三夜,醒来后的第一句话就是问工厂的损失和同事们的安全情况。虽经医院全力抢救,但终因伤势严重于1959年1月15日去世,年仅26岁。

1959年1月18日,中共广州市中区委员会举行隆重的追悼大会;广州市人民政府追认向秀丽同志为革命烈士,并把当年何济公药厂化工车间附近一带命名为秀丽街(行政街)。向秀丽牺牲后,老一辈无产阶级革命家董必武、陈毅等同志都分别作诗或题词纪念她。1982年8月,广州市人民政府将下九路何济公药厂的楼宇命名为“秀丽楼”,让她的高尚精神世代相传。

草原之子
廷·巴特尔

廷·巴特尔，男，蒙古族，1955年出生，辽宁省沈阳市人，中共党员。现任内蒙古自治区锡林郭勒盟阿巴嘎旗萨如拉图亚嘎查党支部书记。

廷·巴特尔是开国少将廷懋之子。他1974年从呼和浩特来到萨如拉图亚嘎查插队，在草原上一干就是30多年。“文化大革命”结束后，他有多次回城的机会，但是都放弃了。“六畜兴旺”是牧民的传统梦想。然而，连年的自然灾害，加上过度放牧，使草场沙化严重，传统畜牧业面临严峻的挑战。生态恶化和牧民收入下降形成恶性循环。牧民群众生活十分贫困。如何带领牧民尽快恢复草场植被，巴特尔觉得这不仅是解决牧民目前生产和生活困难的难题，更是牵扯到萨如拉图亚嘎查经济发展乃至子孙后代如何生存的大事。

1993年他当选为萨如拉图亚嘎查党支部书记，决心带领群众共同致富。他首先在自家牧场实行围场轮牧，取得了明显的经济效益，得到了牧民群众的信任和支持。廷·巴特尔给牧民们算了一笔账：养一头牛的收益和五只羊一样，但是一头牛只有四只脚，吃饱了就卧着，而五只羊却有20只蹄子，不停地走动还刨草根吃，对草原破坏很大。第二年，牧民们看到自己的草场远不如“减羊增牛”户的草场时，从疑惑到相信，从相信到争相效仿，“减羊增牛”就这样逐步推广开了。在减的同时，廷·巴特尔又在牧民中推广划区轮牧和围栏建设。对于沙化草场，嘎查不仅实行休牧，还进行人工补播，每年都组织牧民种一些适合沙地生长的植物。廷·巴特尔还推动改良牲畜品种。

近年来，他又带领牧民群众充分利用水资源，大力开发建设高产饲料基地，建成了全盟第一个沙地保护区，注册成立了萨如拉牛业有限责任公司，投资230万元大力发展沙地旅游业，走出了一条保护生态、建设养畜的成功之路。目前萨如拉图亚嘎查人均纯收入由20世纪80年代初的50元增长到2008年的8736元。现在，萨如拉图亚嘎查是全镇12个嘎查中生态恢复成效最明显的嘎查。

廷·巴特尔是中共十七大代表，被授予“全国优秀共产党员”等荣誉称号。2003年被中宣部、人事部、农业部联合表彰为“全国农村优秀人才”。

许振超

新时代的中国工人

许振超，男，汉族，1950年1月8日出生，山东省荣成市人，中共党员。现任青岛港前湾集装箱码头有限责任公司工程技术部固机经理。

许振超所在的青岛港前湾集装箱码头有限责任公司是目前世界上最大的集装箱码头企业之一。许振超参加工作30多年来，立足本职，务实创新，干一行，爱一行，精一行。他苦练技术，自学成才，在工作中练就了“一钩准”、“一钩净”、“无声响操作”等绝活，并模范地带出了“王啸飞燕”、“显新穿针”、“刘洋神绳”等一大批具有社会影响的工作品牌。他带领团队按照“泊位、船时、单机”三大效率的标准要求，深入开展比安全质量、比效率、比管理、比作风的“四比”活动，先后8次刷新集装箱装卸世界纪录，使“振超效率”令世人赞叹，将“振超精神”名扬四海。他的“10小时保班”服务品牌为顾客提供了超值服务，享誉世界航运市场，吸引了全球各大船运公司纷纷在青岛港上航线、换大船。

近年来，许振超积极响应国家节能减排的号召，组织实施了轮胎吊“油改电”技术改造，填补了这一技术的国际空白，年节约资金3000万元以上，噪音和尾气污染降低到近零。他是一位学习型、创新型、充分掌握现代技能的新时期优秀产业工人。他爱岗敬业，不仅自己大胆进行技术创新，练就了高强的本领，还带出了一支“技术精、作风硬、效率高”的优秀团队，创造出了世界一流的工作效率，在平凡的岗位上作出了不平凡的贡献。许振超坚持青岛港“一心为民，造福职工”的好政策，把员工当成自己的兄弟姐妹，备加关心爱护，始终把保障下属员工安全作为自己第一位的责任，为员工制作和发放了“安全卡”、“爱心卡”。他还积极参与社会公益事业，带动同事们为身患骨癌的沂蒙山小姑娘捐款3万元，保证了手术的顺利进行，使小姑娘得以康复。

2005年4月，许振超被全国总工会评为全国劳动模范。中央主要媒体把他作为重要先进典型进行集中宣传。他是全国优秀共产党员、中共十七大代表、第十一届全国人大代表，2007年9月许振超当选为全国敬业奉献道德模范。

群众的『主心骨』和『脊梁』

达吾提·阿西木

达吾提·阿西木，男，维吾尔族，1952年出生，新疆维吾尔自治区喀什市人，中共党员。现任巴楚县琼库恰克乡吐格曼贝希村党支部书记。

2003年2月24日巴楚、伽师地区发生了一次严重的地震灾害，共造成268人死亡。琼库恰克乡受灾最严重，仅这一个乡就有256人不幸遇难。达吾提·阿西木就是琼乡六大队的村党支部书记，他是在2·24地震中失去家人最多的人——一夜之间痛失5位亲人，还有4位亲人受伤。但是他舍小家顾大家，迅速组织党员和群众投入到抢救被压在废墟下群众的生命的战斗之中，带领村民重建家园。

在他的组织领导下，村党支部和共产党员成为危难时刻乡亲们的“主心骨”和“脊梁”，坚定了村民战胜灾难、重建家园的信心。在灾后村民大会上，达吾提·阿西木代表村党支部成员向乡亲们承诺“一定要让村里的面貌根本改变”。为了让乡亲们早日住上抗震安居房，恢复正常的生产、生活，他没日没夜地工作，想方设法为贫困群众送去党的温暖。针对村里耕地少，而且相当一部分是盐碱地的情况，他带领村民开荒造田，调整农业结构，大力发展畜牧业。现在该村成了全乡的养牛专业村，集体经济收入由震前的2.1万元猛增至35万元。在任村党支部书记的十年里，达吾提·阿西木始终克己奉公，扶危济困，深受吐格曼贝希村群众的爱戴和拥护。如今他给自己又定了个奋斗目标，就是要让村里的经济再翻两番，力争成为全自治区的经济强村。

2004年2月，达吾提·阿西木被评为“感动中国2003年度人物”，感动中国组委会授予达吾提·阿西木的颁奖词是：他隐藏起最深重的悲痛，他紧握心灵的伤口，在他那颗流血伤痛的心里还装着更多的村民。他以一个共产党员对群众朴素的感情，在百姓中传播着温暖；他以舍我其谁的气魄，在危难的时候担当起百姓的精神支柱；他在废墟中挺起脊梁，他的坚强和无私为刚刚经历了噩梦的村民们撑起重建家园的希望。

达吾提·阿西木是中共十七大代表，被授予“新疆维吾尔自治区优秀共产党员”、“全国优秀共产党员”、“全国劳动模范”等荣誉称号。

青年标兵

邢燕子

邢燕子，原名邢秀英，女，汉族，1941年出生，天津市宝坻县人，中共党员。1958年参加工作，天津市北辰区人大常委会原副主任。

邢燕子从小跟爷爷在农村老家长大，父亲是天津市一家工厂的副厂长。1958年，17岁的邢燕子初中毕业，她没有回到父母所在的天津市区，而是积极响应党中央号召，满怀改变家乡落后面貌、做祖国第一代有文化农民的豪情壮志，回到当时的宝坻县司家庄村，每天与乡亲们一起去插秧苗、种高粱。司家庄村是个缺少劳力的穷村，在那里，她和农民打成一片，村里劳动力少，她先是组织成立幼儿园，解放妇女劳动力，后来干脆带领女团员，组成了“燕子突击队”。很快，“燕子突击队”从7人扩大到了16人，影响、带动全村妇女干了起来。冬季，她白天带着突击队员砸开三尺厚的冰结网打鱼，晚上打苇帘子，3个月就给村里挣了3600多元钱。种下430亩高产麦，向荒洼要粮。她经历了艰苦生活的考验，数年如一日地忘我劳动，为农村社会主义建设事业作出了突出成绩，在我国农村经济最困难的时期成为“发愤图强，扎根农村，大办农业”的青年典型。1960年《人民日报》发表长篇通讯《邢燕子发愤图强建设农村》，介绍了邢燕子的先进事迹。此后，她就成为上山下乡的知青典型，被称为“毛泽东时代的好姑娘”。1964年，她出席中国共青团第九次代表大会，同年当选为第三届全国人大代表，曾先后5次受到毛泽东接见、13次受到周恩来接见。她的先进事迹引起全国青年学生的强烈反响，成为影响一代人的青年标兵。

从1964年开始，她先后历任县委副书记、地委常委、天津市市委书记、市政协副主席，全国人大代表，党的九至十三大代表，第十至第十二届中央委员，被全国总工会等部门授予“全国职业守法先进个人”等荣誉称号。1981年被天津市市委安排到北辰区工作，任北辰区人大常委会副主任。现已退休，退休后一直生活在天津。

吴大观

『中国航空发动机之父』

吴大观（1916—2009），男，汉族，江苏省镇江市人，中共党员。生前曾任原航空工业部科技委员会常委。著名航空发动机专家。

吴大观1942年毕业于西南联大，后到美国莱康明发动机厂和普惠公司学习深造。1947年3月，他拒绝了美国有关单位的高薪聘请，毅然回来报效祖国。1949年11月，他任新中国重工业部航空筹备组组长，参与了新中国航空工业的筹建，是我国航空发动机事业的奠基人和创始人。

吴大观的奋斗历程，与新中国航空发动机事业的许多个“第一”紧密相连：组建了新中国第一个航空发动机设计机构，领导研制了我国第一个喷气发动机型号，创建了我国航空史上第一个发动机试验基地，主持建立了航空发动机研制第一套有效的规章制度，建立起了新中国第一支航空动力设计研制队伍，主持编制了我国第一部航空发动机研制通用规范，被誉为“中国航空发动机之父”。

1956年，吴大观调到沈阳410厂组建我国第一个喷气发动机设计室。在条件不具备的情况下，开始设计我国第一台喷气教练机动力发动机。他以敢于拼搏、勇于创新的精神，与广大工人一起奋战了210个日夜，经过20小时的持久试车，首批4台发动机研制成功。1959年9月，他负责设计、试制的红旗 2 号喷气发动机上台试车，为庆祝国庆十周年献礼。

1961年8月，国防部第六研究院第二设计研究所成立，吴大观担任技术副所长，主持二所的发动机研制工作和试验基地的建设。他努力探索发动机研制方法和研制程序的新路子，多次出国考察，善于借鉴国外经验。吴大观对党忠诚，从1963年开始，他每月多交100元党费，从1994年开始，他每年向组织继续多交党费4000—5000元。此外，他还为希望工程等捐款9万多元。在生命最后的日子里，他在病床上还叮嘱家人拿出10万元积蓄交纳最后一次党费。

吴大观被原航空航天部授予“有突出贡献的老专家”荣誉称号，被追授“全国优秀共产党员”称号。

『老书记』吴仁宝

吴仁宝，男，汉族，1928年11月出生，江苏省无锡市人，中共党员。现任江苏省无锡市江阴华西集团公司副董事长兼副总经理，华西村原党委书记。

吴仁宝是中国农民的杰出代表、社会主义新农村建设的带头人，是共产党人永葆先进的楷模。50多年来，吴仁宝始终坚持全心全意为人民服务不动摇，保持共产党员本色，带领华西村干部群众创造性地走出了一条富有特色的中国新农村建设发展之路，成为全国农村基层党员干部的一面旗帜。

吴仁宝始终坚定正确的理想信念，牢记发展才是硬道理，艰苦创业，开拓创新，带领华西干部群众坚定不移地走共同致富道路。他在20世纪60年代就冒着风险开始创办乡镇企业。改革开放后，他大力推进农村综合改革，积极推行企业合作制等制度创新，不断调整经济结构，实施农副工综合发展，在华西村建成了江苏最大的村级乡镇企业集团。在发展经济的同时，他注意生态环境建设，注重提高村民精神文明素质，亲自编写“村歌”等，开展“爱党爱国爱华西，爱亲爱友爱自己”的“六爱”教育。他心系华西，心忧天下，帮扶中西部建立“省外华西村”。近年来他又将周边16个经济薄弱村纳入大华西共同发展的范围。

吴仁宝始终把“老百姓过上富裕生活是我最大幸福”作为自己的宗旨和目标，几十年如一日，没有休过节假日，每天工作13—14个小时。他在任何时候都坚持“三正”(办事认真、处事公正、经营廉政)、“三守”(守法、守约、守信誉)、“三能”(能上能下，能下能上；能官能民，能民能官；能进能出，能出能进)、“三不倒”(难不倒、夸不倒、吓不倒)，真正做到了“有福民先享，有难官先当”。吴仁宝被村民亲切地称为“老书记”。

他始终以淡泊名利、甘于奉献来严格要求自己和党员干部。“家有黄金数吨，一天也只能吃三顿；豪华房子独占鳌头，一人也只占一个床位。”从20世纪70年代起，他就给自己立下了“三不”规矩：不住全村最好房子，不拿全村最高工资，不拿全村最高奖金。近几年来组织上和集体批准给他的奖金累计超过1.3亿元，他分文不取，全部留给了集体。

吴仁宝始终把“个人富了不算富，集体富了才算富；一村富了不算富，全国富了才算富”作为人生理想和追求，苦心经营数十年，带领华西人缔造了“天下第一村”的奇迹，村年经济总产值超过400亿元，上缴利税8亿多元。在他的带领下，当年有名的贫困村已成为中国新农村幸福生活的样板：华西村大部分人家都住进了别墅，户户都拥有至少1辆小轿车，人均存款超过百万元。35平方公里、3.5万人的大华西实现了共同富裕。

吴仁宝与村办企业女工交谈

他还提出了“村帮村户帮户，核心建好党支部，最终实现全国富”的新思路，两年多来全国各地有5万多名农村基层干部来到华西进行学习交流。

吴仁宝作为当代中国农民的杰出代表，先后当选为中国共产党第十次、十一次全国代表大会代表，第六、七、八届全国人大代表。连续两届被评为全国劳动模范，荣获“中国首届十大扶贫状元”、“全国优秀乡镇企业家”等数十项荣誉称号，曾被作为全国保持共产党员先进性教育活动重大典型集中宣传。华西村和吴仁宝的先进事迹有着广泛的影响，受到了胡锦涛、江泽民、温家宝等党和国家领导人的称赞。2007年，吴仁宝当选为党的十七大代表。

吴仁宝的“十大宝”

第一宝：实事求是、艰苦奋斗的作风观

第二宝：不土不洋、不城不乡的道路观

第三宝：三个文明、齐头并进的幸福观

第四宝：共同富裕、健康富裕的富裕观

第五宝：淡泊名利、无私奉献的价值观

第六宝：两手都抓、两手都硬的发展观

第七宝：以人为本、正反激励的动力观

第八宝：吃透两头、“冷”“热”有制的政策观

第九宝：人尽其才、德才兼备的用人观

第十宝：市场导向、信誉至上的经营观

吴仁宝的“十大宝”，是他当几十年“村官”丰富工作经验的结晶、睿智思想的结晶、特色语言的结晶、人生阅历的结晶，也可以说是中国农民智慧的结晶。

吴天祥

老百姓的贴心人

吴天祥，男，汉族，1944年7月出生，湖北省钟祥市人，中共党员。武汉市武昌区政府原巡视员。

吴天祥始终坚持“上为党分忧，下为民解难”的信念，几十年如一日为群众做好事、办实事，对待人民群众不是亲人胜似亲人，在党与人民群众之间架起了一座“连心桥”，深受人民群众的拥护和爱戴。他把家里的电话向社会公布，方便遇到困难的群众及时求助。他坚持每天早上6点半上班，接待上访群众2万余人次。他捐钱捐物，甚至捐骨髓，倾其所有救济困难的下岗职工，把女儿用来结婚的新房让给困难户，卖掉父母遗留的房产，抵押贷款帮助特困人员创业，先后照顾过26位孤寡老人、6名孤儿，结下了300多个“穷亲戚”。每年春节，他还把孤老、孤残儿接到家里吃年饭。有的孤寡老人去世后，他还以儿子的身份为老人送终。他用真情和爱心感化服刑人员。25次义务献血累计7000毫升，4次跳入长江救人，跳进窨井疏通公厕管道。节假日他很少休息，经常深入到困难群众的家中体察民情，将大量群众反映的困难和疾苦向有关部门反馈，督促尽快解决。

在吴天祥行为的感召下，湖北省相继成立了1万多个“吴天祥小组”，有10万多名小组成员常年活跃在街道、社区，为人民群众做实事、办好事，成为全省精神文明建设的重要品牌。2006年武昌区举办“吴天祥小组成立10周年暨十佳集体、十佳个人表彰大会”，区委、区政府授予吴天祥“吴天祥小组活动突出贡献奖”。

2007年8月2日早晨6点多钟，武汉市周小珍等30多名残疾人一起来到武昌区委，要求到省文明办推荐吴天祥为全国道德模范。他们动情地说：“吴天祥牺牲自己的利益，一心为民做好事，是我们老百姓的贴心人，推荐他为全国道德模范是我们大家的心愿。”

吴天祥先后被评为全国优秀共产党员、全国先进工作者、全国学雷锋先进个人，并当选为党的十七大代表。2007年9月，吴天祥被评为“全国助人为乐道德模范”。

吴金印

乡镇党委书记的榜样

吴金印，男，汉族，1942年9月出生，河南省新乡市人，中共党员。现任新乡市人大常委会副主任兼卫辉市唐庄镇党委书记。

作为全国乡镇党委书记学习的榜样，40多年来，吴金印主动放弃组织上调他到上级机关工作的机会，深深扎根基层，锐意改革，善于把党的路线、方针、政策同本地实际结合起来，形成符合本地实际的工作思路，制定出能够具体贯彻落实的有效措施。他忠于党的事业，不计名利，不怕艰苦，与群众同甘共苦，带领群众脱贫致富，在平凡的工作岗位上作出了优异的成绩，树立起了基层党员干部的良好形象，赢得了人民群众的拥护和爱戴，被誉为"乡镇党委书记的榜样"。

吴金印在卫辉市狮豹头公社工作的10多年间，在群众家住了7年，在治水工地住了8年，带领群众打通6个山洞，筑起85道大坝，建起25座水库和蓄水池，开了40多公里的水渠，筑了40多公里的高标准山区公路，架起8座公路大桥，营造良田2400亩，植树20多万株，奠定了公社农业生产的基础，解决了群众的吃饭问题，使一穷二白的山区发生了巨大变化。

1987年11月，吴金印调任唐庄乡（1997年撤乡建镇）党委书记。唐庄乡地处京广铁路和107国道旁，东邻市郊，西为山区，南是平原、洼地，北系丘陵。在吴金印的团结带领下，唐庄镇干部群众以党的十七大精神为指针，认真落实科学发展观，按照"领导干部革命化、农村建设城市化、农业生产科技化、农村经营市场化、基层政权规范化"的发展思路，艰苦奋斗，开拓进取，积极加快新农村建设，努力构建社会主义和谐社会，使全镇经济和社会各项事业得到较快发展。唐庄镇建起了万亩林果园、万亩蔬菜田，兴办了无氧铜杆厂、电工厂、水泥厂等企业，唐庄镇插上了腾飞的翅膀。2004年2月，唐庄镇被国家建设部等六部委公布为全国小城镇建设重点镇；2007年4月，荣获"河南省文明村镇"称号；2008年唐庄实现工业固定资产投资3.7亿元，工农业总产值10.65亿元，一般预算收入3810万元，农民年人均纯收入达到4760元；2009年1月，唐庄镇被中央精神文明建设指导委员会办公室授予"全国创建文明村镇工作先进村镇"称号。

吴金印视人民如父母，把为群众办事当成自己的职责，他说："老百姓养一头猪，一年能换几百元，养一只鸡，一年能下一罐蛋。咱当干部的吃的是人民种的粮食，花的是人民上缴的税收，如果不替群众办事，还不如一头猪、一只鸡。"1966年8月吴金印在狮豹头公社池山村蹲点，看到每人一天只能分到3碗政府救济水，深深体会到水比油贵的滋味。他就在村边的老槐树旁，利用工作之余硬是挖出一个两丈多深、能蓄十几方水的旱井。汛期蓄满水，到冬春旱季，他就把一担担清水挑进村民的水缸里。房东烈属宋大娘，70多岁的老人带着5个未成年的孙子过日子。吴金印帮她担水、烧火、做饭，还用自己的微薄工资给她家买肉。老人病了他拉车送老人到医院看病，为老人煎药喂汤，像侍候自己的母亲一般。老人去世了，他还经常到坟上去凭吊。吴金印在山庄村蹲点时，住在全村最困难的五保户原德宏家里，他给老人打水、端尿盆，还把自己的被褥、衣服、食品送给老人。当他离开山里时又把老人送进了敬老院。

1997年中组部特授予吴金印"全国优秀共产党员"的光荣称号。吴金印是中共十五大、十六大代表，第十届全国政协委员。

吴金印话农村

建设社会主义新农村，关键是要让老百姓都富起来。千中心，万中心，经济建设是中心；大道理，小道理，发展才是硬道理。

毛主席把干部与群众比作鱼和水的关系。我的体会是："活鱼水中游，死鱼水上漂。"干部离开了群众，就是死鱼一条。要在群众中当好干部、当好领导，就不能脱离群众；脱离了群众的领导，虽说还是个领导，实际上是个空架子。

是谁给我们出的工作点子和办法？都是老百姓！只要深入群众，就能找到发展的思路和办法。归结起来，还是毛主席说的那句话："没有调查研究，就没有发言权。"还可以补充一句：不深入群众，没有调查研究，就做不到实事求是。

光说不干，就没有资格当干部。在选人用人上，我们始终坚持实践的观点，把那些拥护共产党、有本事、有能力、工作拔尖、在群众中有威信的人选到领导班子中来。对那些优秀的后备干部，我们一边锻炼一边培养，然后让他们参加选举。

『马背医生』吴登云

吴登云，男，汉族，1940年出生，江苏省扬州市人，中共党员。新疆克孜勒苏柯尔克孜自治州乌恰县人民医院原院长。

1963年的夏天，吴登云大学毕业后，响应党的号召来到了“万山之祖”帕米尔高原。这里有我国版图上最西端的县——新疆维吾尔自治区乌恰县，这里生活着4.2万各族人民，其中柯尔克孜族占总人口的70%。他热爱边疆、扎根边疆、建设边疆，多次放弃回家乡或到条件较好的地方工作的机会，以高尚的医德和精湛的医术忘我工作，无私奉献。

他充满仁爱之心，只要有病人求医，不管多远，他都随叫随到，遇到经济困难的病人，还帮助垫支医药费。乌恰县山高路远、地广人稀，牧民缺医少药，吴登云被称为“马背医生”，足迹踏遍全县9个乡的30多个自然村。他每年都要花三四个月时间到牧区边巡诊边防疫。一路翻山越岭、风餐露宿，遭遇雪崩、洪水险情不断。有时为了一个病人常常要走几天的山路。为了抢救民族兄弟，他先后无偿献血30余次累计7000多毫升。

1984年金秋，吴登云走上了乌恰县人民医院院长的岗位。为了更好地为各族群众治病，改变当地的医疗卫生状况，他刻苦钻研医学知识，努力学习少数民族语言。当时面临的最大问题就是医务人员短缺，吴登云制订了一个“十年树人计划”，精心培养少数民族医务骨干。他到各乡镇卫生院物色柯尔克孜族医护人员，白天上班，夜里帮助他们学习汉语。然后把他们送到自治区医院进修，进修回来，他又手把手地传帮带，使一大批柯尔克孜族医生迅速成长起来，现在医院70%以上的业务骨干都是柯尔克孜族。

1985年大地震之后，乌恰县城易地重建在戈壁滩上。为给病人创造良好的就医环境，吴登云又提出一个“十年树木工程”。没有土，他们就到7公里外的老城去拉，一个树坑一个树坑地垫土。没有水，他们就从雪山下挖了一条12公里长的引水渠。一年接着一年，硬是在戈壁滩上建起了一座园林式的医院。

吴登云是中共十六大、十七大代表，荣获全国五一劳动奖章和白求恩奖章。

宋鱼水

人民满意的好法官

宋鱼水，女，汉族，1966年3月出生，山东省蓬莱市人，中共党员。1989年参加工作，现任北京市海淀区人民法院党组成员、知识产权庭庭长。

宋鱼水时刻牢记全心全意为人民服务的宗旨，将司法为民的要求落实到审判工作的每一个环节。她坚持“辨法析理、胜败皆服”的职业追求，独立办案十余年来，公正高效地审理了各类民事、商事案件1500余件，其中500余件属于疑难、复杂、新类型案件。同时作为庭长，她带领全庭同志审结案件4643件，均取得良好的社会效果，被当事人视为信得过的好法官。

宋鱼水发表了十多篇对审判实践有积极意义的学术论文和调研报告，并有数篇论文在全国法院系统和北京市法院系统论文研讨会上获奖。她探索出一套最大限度化解矛盾纠纷的方法，确立了“准确把握公正尺度，引导当事人用信任的方式解决纠纷，鼓励和促进交易，确保经济繁荣和社会稳定”的办案思路，并成功运用于实践，成为审判前沿的优秀带头人。

宋鱼水善于总结经验，具备高超的审判技巧。在多年的司法实践中，她摸索出了一套适合国情、最大限度化解纠纷的办案方法。无论案件大小她都仔细审理，充分考虑当事人的利益，尽量为当事人提供便捷、有效、经济的服务。

宋鱼水努力做一个学习型人才。她受理的案件，不仅专业性强而且与行业发展紧密相关，这就要求法官除了有良好的法律素质之外，还必须不断补充各种专业知识。为此，宋鱼水坚持主动学习相关的知识。2004年她曾接办了一起歌曲著作权案，原本不喜欢音乐、不具备乐理知识的她主动学习了很多音乐知识，最终圆满结案。

因工作业绩突出，宋鱼水曾先后荣立一等功两次、二等功两次，获得“全国十大杰出青年法官”、“全国十行百佳妇女”、“全国三八红旗手”、“全国优秀共产党员”、“全国先进工作者”、“全国模范法官”等荣誉称号。2004年1月19日，宋鱼水光荣当选“中国法官十杰”，获得金法槌奖。2004年五一前夕被授予全国五一劳动奖章。宋鱼水被誉为“人民满意的好法官”，是中共十七大代表、第十一届全国人大代表。

富于理想、勇于献身的优秀大学生

张华

1982年，一个大学生为抢救掏粪落池的老农民，毅然跳进粪坑救出老人，自己光荣献身。他就是解放军第四军医大学学生张华。

张华（1958—1982），男，汉族，1958年10月出生，黑龙江省虎林市人，中共党员。1977年入伍，生前系第四军医大学二大队学员。

张华品学兼优，助人为乐，多次被评为“三好学生”、劳动模范、优秀共青团干部、先进战士。1979年8月，在沈阳部队某部参加高考的人员中，张华以第一名的成绩考入第四军医大学79级空医系。面对改革开放初期社会思潮复杂的形势，张华不断加强政治学习，用党的理论武装头脑，自觉抵制各种错误思想。他通过写信、寒暑假登门谈心，帮助多名中学同学战胜挫折，校正人生航向。

1982年7月11日，西安市霸桥区新筑乡69岁的魏志德老人在公共厕所疏通粪便时，被沼气熏倒，落入粪池。正在附近的张华听到呼救声，毫不犹豫地下到3米深的粪池内，奋力抢救魏大爷，不幸被浓烈的沼气熏倒在粪池中，因严重中毒窒息，抢救无效，光荣牺牲，年仅24岁。张华的英雄行为和高尚品格迅速传遍古城西安，传遍祖国大地，在全社会产生强烈反响，引发了一场“人生价值如何衡量”的全国范围大讨论，对当代青年树立正确的人生观、价值观产生了重大影响，起到了积极的引导作用。张华生前所在的学员大队，坚持以张华精神建队育人，被中央军委授予“模范学员大队”荣誉称号。1982年11月25日，中央军委追授张华“富于理想、勇于献身的优秀大学生”荣誉称号，第四军医大学给他追记一等功，追认他为革命烈士。叶剑英同志在表扬张华英雄事迹的一本书上题词——“新一代的理想之歌”。

连心桥上的贴心人

张云泉

张云泉，男，汉族，1948年6月出生，江苏省南通市人，中共党员。江苏省泰州市人民政府原副秘书长、信访局局长，现任江苏省信访局巡视员。

张云泉坚守信访岗位26年，始终牢记全心全意为人民服务的宗旨，真心诚意为民解难、为党分忧，平均每年接待上访群众2000多人次，处理人民来信2000多封，接听来访电话几千次，以务实的作风和高尚的人格化解了一个又一个矛盾，维护了人民群众的利益，维护了一方稳定，维护了党和政府的形象，被广大干部群众赞誉为“连心桥”上的贴心人。

他坚持深入基层、深入群众，常年奔走于大街小巷、边远乡村，千方百计为群众排忧解难，他讲的最多的就是“有话跟我说”、“我来帮助你”。在张云泉的帮助下，做了10多年代课教师的王德元恢复了公职，蒙冤16载的王友德讨回了清白。他还义务帮扶60多名贫困学生，为近百名群众求医问药，为生活困难群众捐款6万多元。在许多矛盾激烈的突发事件面前，张云泉总是挺身而出，不顾个人安危，极力维护人民群众的利益。有一次，一家改制企业老板与原企业职工发生冲突，双方对峙多时，老板失去耐心，欲强行开推土机进厂。危急关头，张云泉一个箭步跨到推土机前，大声喊道：“谁要过去，就先从我身上开过去。”而面对情绪失控的群众，即便是受气挨打，他也是耐心说服，平息事态。为此他身上留下了不少伤痕，左手拇指受伤，至今不能灵活弯曲，左眼被误打，视力从1.5下降到0.15。但他理解群众，无怨无悔。

张云泉常说：“做人必须像人，做官不可像官。”他把青春年华和全部精力献给了党和国家的事业，自己两袖清风，一直保持着艰苦奋斗的本色。他每天骑自行车上下班，因公出差都住简陋旅店。他妻子在一家濒临倒闭的企业当普通职工直至退休，儿媳在效益不好的单位当服务员，他从没利用权力托人找关系。

张云泉先后被授予“全国优秀共产党员”、“全国劳动模范”、“全国人民满意的公务员”等荣誉称号，2005年被作为全国重大典型集中宣传，2007年当选为党的十七大代表，2007年9月，被评为全国敬业奉献道德模范。

『一抓准』张秉贵

张秉贵(1918—1987),男,汉族,北京市人,中共党员。1955年参加工作,生前系北京市百货大楼售货员,是新中国商业战线上的一面旗帜。

北京市百货大楼当时是全国最大的商业中心,客流量大,张秉贵坚持为人民服务的信念,从1955年11月到北京市百货大楼站柜台,30多年来接待顾客数百万人次,没有怠慢过任何一个顾客。他认为:“一个营业员服务态度不好,外地人会说你那个城市服务态度不好,港澳同胞会感到祖国不温暖,外国人会说中华人民共和国不文明。我们真是工作平凡,岗位光荣,责任重大!”从为国家争光、为人民服务的政治信念出发,他在问、拿、称、包、算、收六个环节上不断摸索,练就了“一抓准”和“一口清”的过硬本领,接待一个顾客的时间从三四分钟减为一分钟。他通过特有的眼神、语言、动作、表情、步伐、姿态等,为顾客提供热情周到的服务,几乎成了那个时代商业领域的服务典范。

商业服务业的简单操作,被张秉贵升华到艺术境界。在北京,传统的“燕京八景”名扬天下,而他的售货艺术被人们誉为“燕京第九景”。一位音乐家看他售货后说:“你的动作优美,富有节奏感,如果配上音乐,是非常动人的旋律。”随着张秉贵名声越来越大,来找他买东西的顾客也越来越多。为了看他的表演,热情的顾客曾经将百货大楼的玻璃柜台挤碎过。

20世纪50年代,张秉贵总结出站好柜台要做到五点:精神饱满、思想集中、耳目灵敏、抬头售货、动作“三快”;60年代,他总结出“接一、问二、联系三”的售货法,刻苦练就称糖“一抓准”、算账“一口清”的绝技;70年代,他将自己几十年如一日满腔热情的服务精神归纳概括为“一团火精神”,响亮地提出“心有一团火,温暖顾客心”。他将自己的柜台服务经验编写成《张秉贵柜台服务艺术》,并到各单位表演、讲课,听众达十多万人次。

1987年9月18日,张秉贵因患癌症去世,终年69岁。为了纪念张秉贵,中华全国总工会、商业部和北京市市委在他工作过的北京市百货大楼前放置了他的塑像。张秉贵是中共十一大代表,第五、六届全国人大代表,1979年被授予“全国劳动模范”荣誉称号。

中国的保尔
张海迪

张海迪，女，汉族，1955年9月出生，山东省济南市人，中共党员。1981年9月参加工作，现任中国残联主席。

张海迪5岁患脊髓病，胸以下全部瘫痪。在残酷的命运挑战面前，张海迪没有沮丧和沉沦，她以顽强的毅力先后自学了中小学、大学和研究生课程，还自学了多门外语，获得哲学硕士学位。15岁时她随父母下放到聊城市莘县农村，但她没有惧怕艰苦的生活，而是以乐观向上的精神奉献自己的青春。在那里她给村里小学的孩子们上课，并且克服种种困难学习医学知识，热心地为乡亲们针灸治病。在莘县期间她无偿地为人们治病一万多人次，受到大家的热情赞誉。1983年，张海迪开始从事文学创作。20多年来，她以顽强的毅力克服疾病和困难，精益求精地进行创作，执著地为文学而战，出版了长篇小说《轮椅上的梦》、《绝顶》、《天长地久》，散文集《鸿雁快快飞》、《向天空敞开的窗口》、《生命的追问》、《美丽的英语》、《我的德国笔记》等，翻译了《莫多克——一头大象的真实故事》、《丽贝卡在新学校》等外语著作。长篇小说《轮椅上的梦》已在日本、韩国出版。

多年来，张海迪在坚持学习和创作的同时还做了大量的社会工作。她经常去福利院、特教学校、残疾人家庭看望孤寡老人和残疾儿童，给他们送去礼物和温暖，为残疾人事业的发展作出了突出贡献。近年来，她又为当年自己下乡的村建了一所小学，帮助贫困和残疾儿童治病读书，还为灾区的孩子捐款。她以自己的演讲和歌声鼓舞着无数青少年奋发向上。她身残志坚、自强不息，不仅激励着残疾人，还极大地鼓舞了当代青年人，被誉为“中国的保尔”。她还积极参加残疾人事业的各项工作和活动，呼吁全社会都来支持残疾人事业，关心帮助残疾人，激励他们自强自立，为残疾人事业的发展作出了突出的贡献。1983年3月7日，共青团中央举行命名表彰大会，授予张海迪“优秀共青团员”光荣称号，并作出向她学习的决定。2008年11月13日，作为第十一届全国政协常委的张海迪迎来了事业的又一个巅峰，她在中国残联第五次全国代表大会上当选主席团主席。

清洁工的典范 时传祥

时传祥(1915—1975),男,汉族,山东省齐河县人,中共党员。1929年参加工作,生前系北京市崇文区清洁队(现北京市崇文环卫三队)工人。

时传祥是崇文区环卫战线的一名普通掏粪工人。他以"宁愿一人脏,换来万家净"的崇高精神,在平凡的环卫岗位上无私奉献一生,为首都的环卫事业作出了不平凡的贡献。

1915年,时传祥出生在一个贫苦农民家庭。1929年,年仅14岁的时传祥逃荒到北京当了一名掏粪工。在旧中国,掏粪工不仅受到社会的歧视,还要受行业内部一些恶势力的压榨和盘剥。时传祥在这些粪霸手下一干就是20年,受尽了压迫与欺凌。

解放后,新中国给了他做人的尊严,工人阶级当家做主使他扬眉吐气,他对党充满感激。他用一颗朴实的心记住了一个通俗的道理:掏粪也是社会主义建设事业的一部分。他把掏粪当成十分光荣的劳动,以苦为乐,不分分内、分外,任劳任怨,满腔热情,全心全意为人民服务。

1952年,他加入了北京市崇文区清洁队,继续从事城市清洁工作。由于工作努力,时传祥在工友中享有很高的威信,他被推选为前门区粪业工会委员兼工会小组长。运输工具改善之后,时传祥合理计算工时,挖掘潜力,他带领全班由过去每人每班背50桶增加到80桶,他自己则每班背90桶,最多每班掏粪背粪达5吨,赢得了人们的普遍尊敬,也赢得了很多荣誉。1954年,他被评为先进生产者,1956年当选为北京市崇文区人大代表,同年6月加入中国共产党。

1959年,时传祥作为全国先进生产者参加了在北京召开的全国"群英会",国家主席刘少奇握着他的手,亲切地说:"你掏大粪是人民勤务员,我当主席也是人民勤务员,这只是革命分工不同。"自此以后,他更加努力,更加热爱本职工作了。

从1962年开始,他承担起对分配来的初、高中毕业生的传帮带任务。时传祥以无私奉献的崇高品质赢得了全社会的尊重,他向人们生动诠释了劳动的光荣和生命的价值,他是全心全意为人民服务的优秀典范。他是第三届全国人大代表,1959年被授予"全国劳动模范"荣誉称号。

1975年5月19日,时传祥因病逝世,终年60岁。

李四光

我国现代地球科学与地质工作奠基人

李四光(1889—1971),原名李仲揆,男,蒙古族,1889年10月26日出生,湖北省黄冈市人,中共党员。生前曾担任中科院副院长、全国政协副主席等职务。著名地质学家,中国科学院学部委员(院士),苏联科学院外籍院士。

李四光自幼就读于其父李卓侯执教的私塾,14岁那年告别父母,独自一人来到武昌报考高等小学堂。在填写报名单时,他误将姓名栏当成年龄栏,写下了“十四”两个字,随即灵机一动将“十”改成“李”,后面又加了个“光”字,从此便以“李四光”传名于世。

1904年,李四光因学习成绩优异被选派到日本留学。1910年,李四光从日本学成回国。武昌起义后,他被委任为湖北军政府理财部参议,后又当选为实业部部长。袁世凯上台后,革命党人受到排挤,李四光再次离开祖国,到英国伯明翰大学学习。1918年,获得硕士学位的李四光决意回国效力。途中,为了解十月革命后的俄国,他还特地取道莫斯科。

从1920年起,李四光担任北京大学地质系教授、系主任,1928年又到南京担任中央研究院地质研究所所长,后当选为中国地质学会会长。他带领学生和研究人员常年奔波野外,跋山涉水,足迹遍布祖国山川。他先后数次赴欧美讲学、参加学术会议和考察地质构造。

新中国成立之际,李四光排除干扰,从英国秘密回国,于1950年5月出席了中国人民政治协商会议第一届全国委员会第二次会议。尽管年事已高,但他仍以饱满的政治热情,奋战在科学研究和国家建设的第一线,为我国的地质、石油勘探和建设事业作出了巨大贡献。他先后在太行山、九华山、天目山、庐山、黄山、扬子江流域等地发现了大量遗迹,用科学事实推翻了外国人的“中国没有第四纪冰川”的错误结论。他创立了地质力学,并以力学的观点研究地壳运动现象,探索地质运动与矿产分布规律、新华夏构造体系的特点,分析了我国的地质条件,证明中国的陆地一定有石油,从理论上推翻了“中国贫油”的结论,肯定了中国具有良好的储油条件。1956年,李四光亲自主持石油普查勘探工作,在很短的时间里,先后发现了大庆、胜利、大港、华北、江汉等油田,不仅摘掉了“中国贫油”的帽子,也使他独创的地质力学理论的正确性得到了最有力的证明。

1971 年 3 月，李四光在办公室工作

李四光先后担任了地质部部长、中国科学院副院长、全国科联主席、全国政协副主席等职。1958年，李四光由何长工、张劲夫介绍加入了中国共产党，由一个民族民主主义者成为了共产主义战士。20世纪60年代以后，李四光因过度劳累身体越来越差，但他还是以巨大的热情和精力投入到地震预测、预报以及地热的利用等工作中。1971年4月29日，李四光因病逝世，享年82岁。

为了弘扬李四光对我国科学事业和地质事业作出的巨大贡献，继承和发扬他从国家建设、民族复兴需要出发，积极参加科学实践、勇攀高峰、不断创新的精神，和把自己的聪明才智献给祖国的爱国主义精神，鼓励广大地质工作者为祖国建设和社会的可持续发展多作贡献，在1989年李四光诞辰100周年之际，由地质行业各部门共同发起，经中央批准，设立了“李四光地质科学奖”。

李四光地质科学奖自创办以来，在社会各界已产生深刻影响，并受到广大地质工作者的关注和支持。每次评奖都有数百人提出申请，而且地质工作者都把申请李四光地质科学奖视为对自己献身祖国地质事业的总结和肯定。

李春燕

大山里最后的赤脚医生

李春燕，女，苗族，1977年出生，贵州省从江县人，中共党员。现为贵州省从江县雍里乡大塘村博爱卫生站医生。

2000年，年轻的李春燕从卫校毕业后，嫁到生活贫困的大塘村。大塘村是一个苗族村寨，山高路陡、交通闭塞、生活贫困，“小病扛，大病顶，实在不行把巫师请”是当地群众缺医少药的真实写照。2001年，为了利用自己学到的医术解决村民看病难问题，在家人的支持下，李春燕卖掉了家里3头耕牛中的两头，筹集资金2000元，开办了大塘村有史以来的第一个卫生室。

卫生室创办之初，她连药箱也买不起，只好用竹篮子代替，一些简单的医疗器械也是从当医生的父亲那里借来的。12岁的王岁山患了肠套叠，来找李春燕。为给王岁山治病，李春燕把他接到家里来治疗，一个多月后，王岁山痊愈，而李春燕分文未收。一次，村里有一位妇女做完人流后，突然大出血昏迷不醒，万分危急之下，其家人想到了李春燕，连夜把她请到了家里。病人用药后，李春燕在她的床边守候了一夜，直到第二天这位妇女脱离危险才离开。

村民的认可让春燕感到欣慰。但不久，春燕就发现随着来求医村民的增多，小诊所的状况非但没有改善，反而越来越难维持了。因为穷，许多村民付不起药费，有些甚至连一两块钱都要赊账，久而久之，欠账越来越多，资金周转也就越来越难，卫生室不要说赚钱，就是连正常的运转也难以为继，家里为此还背上了7000多元的债务。为了筹钱买药，李春燕和家人把家里剩下的一头耕牛也卖了，最困难的时候，她卖掉了家中所有值钱的东西，包括结婚戒指。

李春燕多年如一日，任劳任怨、默默奉献、服务群众，共医治病人上万人次，接生婴儿百余人，她常常不顾个人安危抢救病人，深受当地老百姓的爱戴。

李春燕被评为2005年贵州省劳动模范。2006年2月，李春燕被评为“感动中国2005年度人物”，感动中国组委会授予李春燕的颁奖词是：她是大山里最后的赤脚医生，提着篮子在田垄里行医。一间四壁透风的竹楼，成了天下最温暖的医院；一副瘦弱的肩膀，担负起十里八乡的健康。她是迁徙的候鸟，她是照亮苗乡的月亮。2007年，李春燕当选“中国十大杰出青年”。

悬崖小学的支教夫妻
李桂林和陆建芬夫妇

李桂林，男，彝族，1967年出生，四川省汉源县人，中共党员，凉山彝族自治州甘洛县乌史大桥乡二坪村小学教师。陆建芬，女，彝族，1966年出生，四川省汉源县人，凉山彝族自治州甘洛县乌史大桥乡二坪村小学教师。

1990年，李桂林、陆建芬夫妇来到甘洛县乌史大桥乡二坪村任教，村民的落后与贫苦深深地震撼了这对彝族夫妇。二坪村是凉山北部峡谷绝壁上的彝寨，村民上下绝壁都要攀爬5架木制的云梯，进出极为艰难，村民一年难得下绝壁一次。就是在如此艰险的环境下，李桂林、陆建芬夫妇扎根这里19年，把知识的种子播种在彝寨，为村民走出彝寨架起"云梯"。他们共培养了6届学生共149人，其中有22人是从外村慕名而来的。因为教学任务重，他们没有时间照看儿子和老人，儿子不小心摔伤了手，由于离卫生院太远，延误了医治时机，留下了后遗症。

李桂林原本在山下的雅安市汉源县乌斯河镇教书。当时，他听说大渡河对岸的甘洛县有一个叫二坪村的彝族村庄，因山高路陡，条件异常艰苦，老师都不愿意去。那个村庄停学10余年，娃娃们无学可上，成了一个远近闻名的"文盲村"。

夜深人静，夫妻俩在昏暗的煤油灯下备课

李桂林也是彝族人，内心深感不安。他找到二坪村所在的乌史大桥乡党委书记阿木铁哈，说："我可以帮你们找老师。"接下来，李桂林多番寻找老师，却一无所获。有的嫌工资低，有的听说要爬山崖和云梯就吓坏了，还有人说："你只有去请探险家了。"临近开学，乌史大桥乡的领导对李桂林说："为了彝族的孩子们，帮帮我们吧！二坪村的乡亲都指望您了……"李桂林心软了。但是，他只答应先去看看再说。

回忆第一次去二坪村的情景，李桂林仍然一身冷汗。当时是1990年，去二坪村必须经过大渡河上的一座铁索桥。摇摇晃晃的桥身上，铺着稀疏腐朽的木板。桥下是奔腾咆哮的大渡河，叫人心惊胆战。在没有木板的地方，双手要抓紧上面的铁索，小心翼翼地移动。

过桥后便是曲折而陡峭的山路，路上的小石子如滚珠一般。艰难地行走两个多小时后，路骤然变窄，山骤然变陡。再行半小时，抬眼已没有了路，只有一架高耸入云的木梯挂在垂直的悬崖上。木梯的构成十分简陋：两边各一根木杆，木杆上每隔20厘米横嵌着木棒，接头处绑着藤条。这样的木梯在通往二坪村的悬崖上一共有5架。山上12岁以下的孩子，若没有大人的陪同，决不允许下山。当时，李桂林非常害怕，惊恐得不敢往下看。乡亲们把他夹在中间，给他壮胆，好不容易才爬过5道天梯。

二坪村来了一位老师！10余年没有老师出现的村子立刻沸腾了。村里的男女老少都急匆匆地赶来了。李桂林看到的场景却让他倍感心酸：男人们光着脚，披着破毡子；女人们披着羊皮，衣服破烂；孩子们大的背小的，光着屁股，赤条条的身子被强烈的阳光晒得黝黑发亮。当晚，村民用过年都舍不得吃的鸡肉招待李桂林，又给他找来最好的棉被、床单。村民自己却睡在竹笆上，盖着破羊皮毡子。

第二天清晨，李桂林在村民的簇拥下来到学校。学校里只有一间阴暗低矮的小屋，一块杂草丛生的操场。走进小屋，墙壁已经龟裂，墙角洞穿，后墙垮塌，遍地碎瓦。屋里没有桌凳，没有黑板。看着荒废的校园，看着真诚淳朴的村民，看着孩子们渴求知识的眼神，李桂林作出决定：留下来！停学10余年的二坪村有很多适龄儿童未能入学，一个班无法满足需求。1991年，李桂林想再招一个班的新生。于是，他动员在山下教书的妻子陆建芬也到二坪村小学支教。

李桂林、陆建芬夫妇全身心投入山区教育事业的精神感动了当地广大干部群众。二坪——这个过去的"文盲村"、"穷山村"，现在成了"文化村"。昔日的荒凉到今天的巨变，是与这两位老师付出的心血分不开的。他们为偏远山区的教育事业撑起了一片蓝天。

2007年，李桂林被授予"全国模范教师"荣誉称号。2009年2月，李桂林和陆建芬夫妇被评为"感动中国2008年度人物"。感动中国组委会授予李桂林和陆建芬夫妇的颁奖词是：在最崎岖的山路上点燃知识的火把，在最寂寞的悬崖边拉起孩子们求学的小手，19年的清贫、坚守和操劳，沉淀为精神的沃土，让希望发芽。

贫困山区要想改变落后的面貌，必须靠教育。如果没有接班人，只要我爬得动，就要在悬崖上教孩子们……

——李桂林

『门巴将军』李素芝

李素芝，男，汉族，山东省临沂市人，中共党员。1954年出生，1970年入伍，现任西藏军区副司令员兼西藏军区总医院院长、主任医师、博士生导师，少将军衔。

1976年7月，李素芝毕业于解放军第二军医大学，因学习成绩优异被留校从事医务工作。1976年12月他放弃留在上海工作的优越条件，主动申请进藏担任军医。在藏工作33年来，李素芝始终牢记我党我军宗旨，怀着对西藏各族人民的深厚感情，热爱部队，热爱西藏，爱岗敬业，无私奉献。先后攻克高原心脏手术和高山病防治两大世界医学难题，对急性高山病发病机理及其防治的研究达到世界领先水平，使西藏急性高原病发病率大幅下降。他外科主刀30多年，先后成功主刀大小手术13000多例，抢救垂危病人600多名，被誉为“高原一把刀”。自2000年以来，他亲自主刀开展了首例高原浅低温心脏不停跳心内直视手术等，共为600余例先天性心脏病、风心病患者免费治病，手术成功率达98.6%。2003年以来，他主刀肾移植手术8例，成功率达100%。在他组织开展的150多项新技术、新业务中，20项创世界医学奇迹、36项属国内首创、86项填补高原医学空白，获国家和军队科技进步奖20项。他组织研制的高原康胶囊、花虫胶囊、高红冲剂、九二接骨灵等15种药品，临床应用治疗高山病效果明显。

李素芝同志心系基层官兵，心系民族团结和西藏社会稳定工作，关心农牧民群众疾苦。担任院长13年来，他先后带领500余批医疗队，跑遍了西藏边防连队和哨所，行程百万余公里，巡诊病人30余万人次，发放“免费医疗证”12000多个，为高海拔官兵和驻地寺庙僧尼建立“健康档案”10000多份。他积极推行西藏农牧民免费医疗，为1000多名白内障患者免费实施复明手术，被藏族群众亲切地称为“门巴将军”。

李素芝先后荣立二等功两次、三等功四次。2004年6月被评为全军优秀共产党员，2004年9月被中共西藏自治区委员会和西藏自治区政府授予“全区民族团结进步先进个人”荣誉称号。2005年5月被国务院授予“全国民族团结进步模范个人”荣誉称号。2006年5月，中央军委给李素芝记一等功一次。2007年9月，李素芝被评为全国敬业奉献道德模范。

『北塔山之魂』李梦桃

李梦桃，男，汉族，上海市人，中共党员。1948年出生，1964年支边到新疆生产建设兵团工作，现任农六师奇台医院党委书记。

李梦桃是20世纪60年代的上海支边青年。1964年，初中刚毕业年仅16岁的李梦桃，响应党和国家支援祖国边疆、开发建设大西北的号召，毅然从黄浦江畔来到天山脚下，开始了他扎根边疆30多年的艰苦人生历程。

位于中蒙边境的北塔山牧场，平均海拔3000米以上，年均气温只有2.4℃，居住着汉、哈萨克、蒙古、回、藏5个民族，自然条件十分恶劣。山体纵横交错、杂乱无章，山里光石秃岭、少有树木，山区气候条件恶劣，生态环境极差。有人曾编过这样的顺口溜："出门就是山，遍地没庄稼；风吹石头跑，张嘴沙打牙。"这不仅与李梦桃曾经十分熟悉的南国风光有天壤之别，也跟他来之前所想象的绿草茵茵花烂漫、风吹草低见牛羊的草原景象相去甚远。

李梦桃热爱边疆、扎根边疆、建设边疆，坚持为牧民行医40多年。他开始学的是儿科，看到牧民高度分散，什么样的病人都可能遇到，就刻苦钻研医学知识，在较短时间掌握了内科、外科、妇产科、五官科等的一般医疗理论和技术，成长为全科医生。为了更好地为少数民族群众服务，他还自学了哈萨克语，治病救人的同时积极宣讲党的民族政策。多年来，他靠着一匹马、一个药箱、一件羊皮大衣、一块毡子和一支枪，常年往返于几百个放牧点之间，为牧场的职工群众、牧民和边防战士送医送药。为了抢救群众的生命，不管白天黑夜，不论路途远近，接到病情立即出诊。行医过程中，他多次遇到恶劣天气，发生意外险情，始终无怨无悔。

30年来，他用信念战胜了软弱，用坚毅攻克了困难，用顽强驱散了疲惫，用医术和爱心从病魔和死神的手中解救了一个个患者。他累计行程26万多公里，救治病人两万多人次，接生800多个婴儿，赢得了牧区人民的尊重和爱戴，被誉为"哈萨克人民的好儿子"。

李梦桃被授予"全国优秀共产党员"、"全国先进工作者"等荣誉称号。

李登海

中国『紧凑型杂交玉米之父』

李登海，男，汉族，1949年9月出生，山东省莱州市人，中共党员。现任山东登海种业股份有限公司董事长、国家玉米工程技术研究中心（山东）主任。

李登海自1972年开始从事农业科研工作以来，长期致力于玉米育种和高产栽培研究。他始终身处科研一线，越过平展型玉米的模式障碍，提出了“紧凑株型+高配合力”的崭新玉米育种理论。他研究的玉米品种7次刷新我国夏玉米高产纪录，被誉为“紧凑型杂交玉米之父”。2005年创亩产1402.86公斤的世界夏玉米高产纪录并保持至今。他先后培育出的紧凑型玉米杂交品种有52个通过国家和有关省市审定，获得44项植物新品种权和10项专利。国家实施“九五”计划以来，他承担国家、省部级课题41项，其中“高产玉米掖单13号的选育和推广”项目获国家科技进步一等奖。

为加快科研成果转化，他在全国各玉米生产区设立了育种中心和试验站，建成了国内最大的玉米育种科研平台。据不完全统计，全国由登海系列自交系组或衍生系组培育出的玉米杂交种达到了200多个，至2008年，在生产上推广面积已达12亿多亩，增产玉米1000多亿公斤，创经济效益1000多亿元，为保证国家粮食安全作出了重要贡献。

李登海响应国家号召，积极参与西部大开发，先后在宁夏、新疆、甘肃、内蒙古等地投资

近亿元建立玉米生产基地和加工中心，带动当地农民致富和促进农民就业近4万户。他建设了玉米良种、蔬菜良种、小麦良种、花卉栽培等六大培训基地，广泛开展大规模科技培训，基地每年培训农村群众两万多人次，直接带动5万多农户增收。

李登海在杂交玉米方面作出了突出贡献，人们称他为中国“紧凑型杂交玉米之父”，被种业界誉为“南袁（杂交水稻之父袁隆平）北李（登海）”。他获得亚洲农业研究发展基金奖、国家科学技术进步一等奖、中国发明创业奖特等奖、当代发明家等专业奖项，荣获“全国新长征突击手”、“全国先进工作者”、“中国十大杰出青年”、“山东省道德模范”等荣誉称号。他是党的十四大、十七大代表，第八至十一届全国人大代表和第八、九届全国人大常务委员会委员。

航天英雄

杨利伟

杨利伟，男，汉族，1965年6月21日出生，辽宁省葫芦岛市绥中县人，中共党员。1983年6月入伍，现任中国航天员科研训练中心副主任，特级航天员。

2003年10月15日，杨利伟作为执行我国首次载人航天飞行任务的航天员，不畏艰险，敢为人先，乘"神舟五号"飞船在太空飞行，实现了中华民族的千年飞天梦想，为祖国、为人民赢得了巨大荣誉。杨利伟入选航天员之前是一名优秀的空军飞行员，为适应新的任务，他惜时如金，勤学肯钻，考核成绩全部达到优秀。在5年的时间内圆满完成了8大类58个专业近百项的训练任务，熟练掌握了飞行程序和操作规程，以专业技术考核第一名的优异成绩入选首飞梯队。首飞任务中，他沉着冷静，以良好的素质、坚强的意志和过硬的本领圆满完成了党和人民赋予的神圣使命。他和技术专家的创举使得中国成为第三个掌握载人航天技术的国家。

2003年11月7日，在庄严的人民大会堂，中共中央、国务院、中央军委授予杨利伟"航天英雄"荣誉称号和"航天功勋奖章"。胡锦涛总书记在会上发表重要讲话，号召全国人民向航天英雄杨利伟学习。

"神舟五号"任务完成后，杨利伟开始分管航天员选拔训练和航天员大队管理等工作。备战"神舟六号"、"神舟七号"飞行任务期间，他不仅将自己的太空飞行经验与其他航天员分享，积极指导航天员训练，还提出了航天员在飞行中操作"零失误"的选训目标，组织领导了航天员教员培训和资格认证工作，并在"神舟六号"、"神舟七号"飞行乘组选拔中发挥了重要作用。

2004年2月，杨利伟被评为"感动中国2003年度人物"。感动中国组委会授予杨利伟的颁奖词是：那一刻当我们仰望星空，或许会感觉到他注视地球的目光。他承载着中华民族飞天的梦想，他象征着中国走向太空的成功。作为中华飞天第一人，作为中国航天人的杰出代表，他的名字注定要被历史铭记。成就这光彩人生的是他训练中的坚韧执著，飞天时的从容镇定，成功后的理智平和。而这也是几代中国航天人的精神，这精神开启了中国人的太空时代，还将成就我们民族更多更美好的梦想。

杨怀远

『小扁担精神』的开创者

杨怀远，男，汉族，安徽省庐江市人，中共党员。1937年出生，1956年入伍，1960年转业，交通部上海海运局“长柳轮”原服务员。

1960年，当了四年兵的杨怀远从部队转业到上海海运局工作，被安排在客轮上做生火工。1962年，他到“民主5号轮”做客运服务员。1963年3月，中央发出向雷锋同志学习的号召后，一下子震动了杨怀远。杨怀远是个喜欢学习和思考的人，他和雷锋作了个对照，发现自己和雷锋有四个相同点和一个不同点。他和雷锋是同龄人，出身苦，在新社会翻了身，都在部队当了工程兵，不同点就是雷锋在平凡的岗位上做出了不平凡的成绩，而自己做一个客运服务员还不安心，这是个人主义的患得患失思想。杨怀远惭愧啊，他认真学习雷锋精神后，下了一个决心：按雷锋的人生路子走，做一个雷锋式的客运服务员。杨怀远曾先后担任原交通部上海海运局“和平14号轮”、“大庆11号轮”的生火工、服务员、副政委、政委。1980年他主动辞去政委职务，到“长柳轮”继续担任服务员，直到1997年11月退休。

38年中，杨怀远始终以雷锋为榜样，甘当人民的“挑夫”，自备120多种方便旅客的用具，肩挑小扁担，穿梭于旅客之中，为旅客排忧解难，被旅客誉为“老人的拐杖”、“孩子的保姆”、“病人的护士”。他独创一套语言服务和心理服务学，用日记积累了6000余首服务诗歌、顺口溜，还把服务经验写成40余万字的《讲点服务学》。他挑着一根为人民服务的小扁担，从青年、中年挑到老年，始终不计报酬，全心全意为人民服务，被誉为“小扁担精神”。曾经被他帮助过的群众在他的47根扁担上写满了饱含真情的话语。他不仅是优秀的服务员，还是精神文明的宣传员。退休后，他成为上海百老德育讲师团成员，应邀到学校、企事业单位等作报告600多场，认真践行着“为人民服务到白头”的承诺。

1985年，杨怀远被授予“全国劳动模范”荣誉称号，曾受到过毛泽东、周恩来、邓小平、江泽民等领导人的接见。

特级英雄 杨根思

杨根思（1922—1950），男，汉族，1922年出生，江苏省泰兴市人，中共党员。1944年入伍，生前系中国人民志愿军第20军58师172团3连连长。

杨根思随部队转战南北，不畏艰难困苦，先后经历了抗日战争、解放战争和抗美援朝战争炮火的洗礼，参加过无数次战斗，靠着过硬的军事技术，为党和人民作出了突出贡献。在作战中，他机智勇敢，先后多次荣立战功，1950年，身为连长的杨根思，参加了在北京召开的全国战斗英雄代表大会，受到毛泽东主席、朱德总司令的亲切接见。

1950年10月，杨根思参加了中国人民志愿军。1950年11月，在抗美援朝战争第二次战役分割围歼咸镜南道美军的战斗中，时任志愿军某部连长的杨根思，奉命带一个排扼守下碣隅里外围1071.1高地东南小高岭，负责切断美军南逃退路。29日，号称“王牌军”的美军陆战第一师开始向小高岭进攻，猛烈的炮火将大部分工事摧毁，他带领全排迅速抢修工事，做好战斗准备，待美军靠近只有30米时，他带领全排突然射击，迅猛打退了美军的第一次进攻。接着，美军组织两个连的兵力，在8辆坦克的掩护下再次发起进攻，他指挥战士奋勇冲入敌群，用刺刀、枪托、铁锹展开拼杀。激战中，又一批美军涌上山顶，他亲率第七班和第九班正面抗击，指挥第八班从山腰插向敌后，再次将美军击退。美军遂以空中和地面炮火对小高岭实施狂轰滥炸，随后发起冲锋。他率领全排顽强抗击，以“人在阵地在”的英雄气概，接连击退美军8次进攻。当投完手榴弹，射出最后一颗子弹，阵地上只剩下他一个人时，他以大无畏的革命精神，毅然抱起炸药包冲向敌群，与敌人同归于尽，时年28岁。

1951年5月9日，中国人民志愿军总部为杨根思追记特等功，追授“特级英雄”荣誉称号，同年12月11日，命名其生前所在连为“杨根思连”。朝鲜民主主义人民共和国最高人民会议常任委员会追授他“朝鲜民主主义人民共和国英雄”称号和金星奖章、一级国旗勋章。中国人民志愿军司令员彭德怀题词赞誉他是“中国人民的优秀儿子，国际主义的伟大战士，志愿军的模范指挥员”。

苏宁

『献身国防现代化的模范干部』

苏宁(1953—1991),男,汉族,1953年12月出生,山西省孝义市人,中共党员。1969年2月入伍,生前系中国人民解放军65435部队参谋长。

苏宁作为一名具有现代军事素质的指挥员,对党、对祖国、对人民无比忠诚,爱岗敬业,埋头苦干,身在基层,心系全局。他带领部队从难、从严、从实战需要出发,苦练军事技术,掌握打仗本领。他时刻把祖国的安危挂在心上,紧盯世界军事科学的发展进步,在做好本职工作的同时,潜心钻研现代军事理论,撰写了70篇学术论文。

苏宁与战士情同手足,生前曾3次冒着生命危险保护战友。他时刻把人民群众的冷暖挂在心上,看到附近一户以修鞋为业的外地人生活困难,就多次把自己家的豆油、粮食、蔬菜送给他们。当参谋长以后,他自己住的宿舍是一间不足10平方米的背阴小屋,却把向阳的大房间让给公勤人员。团领导两次要给他换房子,都被他谢绝。他自己平时花钱十分节省,但别人有困难时,却慷慨接济。大家赞扬他"像雷锋那样做人,像焦裕禄那样做官"。1991年4月21日上午,苏宁现场指挥团队建制连手榴弹实弹投掷训练。轮到12连投弹时,一名投弹手由于挥臂过猛,弹体碰撞到堑壕的后沿,手榴弹落在不到1米外的监护员脚下。全神贯注的苏宁看到已经拉开拉火环的手榴弹冒着白烟,不顾个人安危,大喊一声:"快卧倒!"自己却一个箭步冲过去推开监护员,俯身抓起手榴弹,想把手榴弹扔出堑壕,但手榴弹还未出手就爆炸了。两名战友得救了,苏宁却身负重伤,经抢救无效于1991年4月29日光荣牺牲,年仅38岁。

苏宁舍身救战友牺牲后,他的英雄行为和高尚品德,在社会上引起强烈反响。《人民日报》、《解放军报》等报刊连续报道他的事迹,赞誉苏宁是一个"想现代化、钻现代化、干现代化的先进典型",是新时期的雷锋,是广大官兵学习的好榜样。

1993年2月19日,中央军委授予他"献身国防现代化的模范干部"荣誉称号。经中央军委批准,总政将其画像制作印发全军,在连以上单位悬挂、张贴。他的事迹还被改编成电影《炮兵少校》,成为人们熟悉的影视作品。

县委书记
永远活在人民心中的谷文昌

谷文昌，原名程栓，男，汉族，1915年出生，河南省林县（今林州市）郭家庄人，中共党员。1950年5月，他随解放军南下至福建省东山岛，生前曾任东山县县长、县委书记。1964年调任福建省林业厅副厅长。“文革”期间下放至宁化县农村劳动，1972年后曾任龙溪行署林业局局长、农办主任、副专员。

东山岛东南部原有3.5万多亩荒沙滩，狂风起时飞沙侵袭村庄、吞噬田园。当地农民一年到头缺吃缺烧，不少人只得端起破碗讨饭。面对生活贫困的群众，谷文昌下定决心，要带领群众战胜风沙、根治旱涝，让人们过上好日子，并发誓：如不治服风沙，就让风沙把我埋掉。

他带领干部群众在百里海滩上摆开战场，多次组织群众筑堤拦沙、挑土压沙、植草固沙、种树防沙，在全县掀起轰轰烈烈又扎扎实实的全民造林运动。至1964年，全县造林8.2万亩，400多座小山丘和3万多亩荒沙滩基本完成绿化，194公里的海岸线上筑起了“绿色长城”，覆盖了东山大地，战胜了危害东山人民的风沙，改变了东山旧貌。群众高兴地说：“人种了树，树保了地，地增了粮，粮养了人”，“林带就是粮带、钱带、生命带”。

东山岛风高浪急，给群众生产、生活带来极大不便，千百年来，舟覆人亡的惨剧时有发生。

1960—1961年县委、县政府带领全县人民筑起一条高16米、长600米的海堤，实现了自古以来东山人民“天堑变通途”、海岛变半岛的梦想。

东山岛原来没有一条像样的公路，谷文昌就带领群众修路，到20世纪60年代中期实现了村村可以开进汽车、拖拉机。

东山岛缺水，十年九旱。谷文昌就带领全县人民大办水利。全县最大的红旗水库干支渠长达13公里，直至目前仍灌溉着6000多亩土地，而且以水库为水源建起了自来水厂，为城镇居民、码头、企业提供用水。

谷文昌经常深入基层，东山岛的山山水水闪动着他的身影，村村寨寨留下了他的足迹，全县四五百名生产队长，他大多能叫出名字来。1981年1月30日，谷文昌病逝于福建漳州，享年66岁。

邰丽华

『美与人性的使者』

邰丽华，女，汉族，1976年出生，湖北省宜昌市人。现任中国残疾人艺术团团长，中国特殊艺术协会副主席。

邰丽华两岁失聪，但她身残志坚，自强不息，顽强拼搏，以独特的方式创造艺术。舞蹈，对于她来说，是儿时的嬉戏，是精神的寄托，是感受这个世界的特定方式，更是重新定位人生的砝码。当时，武汉市歌舞团一位姓赵的女老师在看到她是个可造之才的同时，又觉得无法有效地与她进行交流势必成为训练过程中最大的障碍。因此，只答应先试一段时间看看这个女孩的领悟能力再说。但邰丽华知道，在自己未来的人生中，在自己喜爱的舞蹈艺术中，只要前面有路，不管路上有多少荆棘和险滩，她都要坚强地踏过去。

刚开始的时候，赵老师对她并不十分满意，但此后的半个月，她将自己变成了一只旋转的陀螺，24小时中除了吃饭和睡觉，其他时间都是在跳舞。之后，赵老师对她重新燃起了希望的火焰。正是靠着这种精神，15岁的她成为中国残疾人艺术团的领舞演员，28岁成为艺术总监，塑造了特殊艺术经典《我的梦》。

邰丽华领舞的《千手观音》，在2004年雅典残奥会上震撼世界，在2005年春节联欢晚会上感动国人；她创编并主演的精缩舞剧《化蝶》轰动联合国教科文组织总部。她将美奉献给世界，她将爱传递给人间，她用节俭下来的演出收入注资设立"我的梦"和谐基金，为四川地震灾区、左权革命老区捐款296万元，为国际慈善项目捐款40万美元。邰丽华以艺术与心灵之美赢得人们的广泛赞誉，被誉为"美与人性的使者"，被世界残疾人代表大会称为"全球六亿残疾人的形象大使"。联合国机构授予中国残疾人艺术团"联合国教科文组织和平艺术家"称号。

2006年2月，邰丽华被评为"感动中国2005年度人物"，感动中国组委会授予邰丽华的颁奖词是：从不幸的谷底到艺术的巅峰，也许你的生命本身就是一次绝美的舞蹈，于无声处，展现生命的蓬勃，在手臂间勾勒人性的高洁，一个朴素女子为我们呈现华丽的奇迹，心灵的震撼不需要语言，你在我们眼中是最美。

为整体、为胜利而自我牺牲的伟大战士

邱少云

邱少云，男，汉族，1926年出生，四川省铜梁县人，中共党员。生前系中国人民志愿军第15军87团9连战士。

邱少云于1949年12月参加中国人民解放军。他作战勇敢，在一次剿匪战斗中带病参战，毙伤匪徒10余名。1951年3月参加中国人民志愿军赴朝作战。部队开赴前线途中，他冒着美军飞机的扫射轰炸，从燃烧的居民房屋里救出1名朝鲜儿童。在抗美援朝战争中，曾参加了第五次战役与1952年秋季战术性反击作战。

1952年10月中旬，邱少云所在部队担负攻击金化以西“联合国军”前哨阵地391高地。为缩短进攻距离，便于突然发起攻击，11日夜部队组织500余人在敌阵地前沿的草丛中潜伏。潜伏前，邱少云向党支部递交了入党申请书，写道：“宁愿自己牺牲，决不暴露目标，为了整体，为了胜利，为了中朝人民和全人类的解放事业，愿献出自己的一切。”执行任务中，邱少云在距敌前沿阵地60多米的草丛中潜伏时，敌人突然向潜伏区逼近，为了掩护潜伏部队，指挥所命令炮兵对敌进行打击。敌人遭到打击后出动飞机侦察，并盲目发射侦察燃烧弹，一颗燃烧弹正好落在邱少云身边，飞迸的火星溅落在他的左腿上，烧着了他的棉衣、头发和皮肉。他身旁就是水沟，只要往水沟里一滚，就可以把火扑灭，但为了不暴露潜伏部队，确保全体潜伏人员的安全和攻击任务的完成，他严守纪律，放弃自救，咬紧牙关，双手深深插进泥土中，以惊人的毅力忍受着剧痛，一声不吭、一动不动，直至壮烈牺牲，牺牲时年仅26岁。当晚反击部队顺利攻占391高地，全歼守敌1个加强连。

战后，邱少云所在部队党委追认他为中国共产党党员，并追授“模范青年团员”称号。中国人民志愿军总部给他追记特等功，追授他“一级英雄”称号。朝鲜民主主义人民共和国最高人民会议常任委员会追授他“朝鲜民主主义人民共和国英雄”称号和金星奖章、一级国旗勋章。英雄的名字被镌刻在391高地主峰的石壁上，万古留存。经中央军委批准，将其画像制作印发全军，在连以上单位悬挂、张贴。

抗震救灾英雄 邱光华

邱光华，男，羌族，1957年4月出生，四川省茂县人，中共党员。1974年入伍，生前系中国人民解放军77116部队副师职特级飞行员。

邱光华是我军第一代少数民族飞行员。他始终以对党忠诚、对人民热爱的高尚情怀，不畏艰险，不怕牺牲，忠实履行使命任务。他把飞行作为毕生追求，先后飞过6种机型，累计飞行5800多小时，是四种气象团级指挥员、教练员和团里的飞行技术骨干，多次执行边防巡逻、抢险救灾等急难险重任务，和战友一道开创直升机在海拔5000米以上地区悬停和载重飞行等数十项我军直升机飞行纪录。他驾机开辟直升机青藏航线，填补了世界航空史上的一项空白。1987年5月，他驾机向被称为“黑色死亡之谷”的墨脱运送救灾物资时，与一股强气流不期而遇，在他的沉稳操控下，直升机紧急迫降在海拔4200多米的山口，他身受重伤。伤愈后，他再次踏上墨脱航线。他热心传、帮、带，带教的43名飞行员中，有13名已能够执行进藏飞行任务。

“5·12”四川汶川大地震后，邱光华不顾还有几个月就到停飞年龄和家中严重受灾的情况，主动请战，一次次冒着生命危险，飞赴汶川等重灾区。在仅有100余米宽的峡谷中，面对挡在航线上的5道高压线和地面上的一片沼泽，他凭着精湛的技术、高超的本领，空中盘旋20多分钟，悬停9次，终于在一个小平台成功降落，及时将伤员撤离。在一次救灾任务中，直升机两台发动机转速差高达10%、温差120摄氏度，几乎接近单发飞行，情况十分危险，邱光华沉着冷静地紧握操纵杆，驾驶直升机安全返场、滑行着陆。就这样，邱光华和机组同志一次次冒着生命危险在深山峡谷中穿行，累计飞行50小时31分钟、63架次，运送救灾物资25.8吨，输送救援人员87人、伤员44人，转移受灾群众180人。

5月31日下午，邱光华驾驶一架运输直升飞机在执行任务返航途中，因高山峡谷局部气候瞬时变化，飞机突遇低云大雾和强气流，不幸失事，邱光华光荣牺牲，终年51岁。

2008年6月14日，邱光华被中央军委追记一等功，他还先后荣立二、三等功6次。

人民的好儿子 邱娥国

邱娥国，男，汉族，1946年5月出生，江西省进贤县人，中共党员。南昌市公安局西湖分局原副政委兼筷子巷派出所教导员。

在27年的基层民警生涯中，邱娥国走过的大街小巷超过12万公里，相当于绕地球三圈，做到了“串百家门，认百家人，知百家情，办百家事”。在长期的工作实践中，他摸索出了“一图、二本、三诀、四勤、五心”的工作方法。“一图”是辖区平面图；“二本”是各项工作记录本、警民联系本；“三诀”是各种工作方法口诀；“四勤”是勤走、勤问、勤记、勤思考；“五心”是工作要有责任心、处理问题要公心、金钱面前不动心、百姓平安记在心、为民服务要真心。为此，邱娥国赢得了获得信息最多、提供线索最多、破获案件最多的“三多”民警称号。邱娥国心系辖区群众生活，关爱孤寡老人，辖区的群众亲切地称他是“孤寡老人的孝子，残疾人的好帮手，人民的好儿子”。邱娥国有一本孤寡老人帮扶记录簿，记着每个孤寡老人的基本情况。他们爱吃什么、爱做什么、需要什么帮助，应有尽有。他奉养了十多名孤寡老人，由他送终的就有9个。他奉养的黄糯女老人临终前，面对儿孙却呼喊着一个与她并没有血缘、亲缘关系的人的名字——邱娥国。

邱娥国热心扶贫济困。在他的《下岗人员情况登记本》里，详细记录了2000年以来他对辖区内下岗职工的普查情况。在他和筷子巷派出所民警的帮助下，已有近200个下岗工人实现了再就业。

邱娥国一直悉心做好传、帮、带工作，坚持言传身教。他常说：“当户籍警就要姓‘户’，要把家家户户连在一起，拴在一起，把百姓当亲人、父母。”在邱娥国的传、帮、带下，筷子巷派出所工作成绩突出，2007年5月获得国务院授予的“人民满意派出所”荣誉称号。

邱娥国是全国公安战线的重大先进典型，中宣部、公安部在北京人民大会堂举行了邱娥国同志先进事迹报告会。他是中共十五大代表、第十届全国人大代表，被授予“全国优秀共产党员”、“全国劳动模范”、“全国先进工作者”、“全国公安系统一级英雄模范”等荣誉称号。2007年9月邱娥国被评为全国道德模范。

著名数学家

陈景润

陈景润（1933—1996），男，汉族，1933年5月22日出生，福建省福州市人，无党派人士。生前系中科院数学研究所研究员。著名数学家。

陈景润从小喜爱数学，在厦门大学读书期间，就发表了第一篇论文。1953年在厦门大学毕业后，留校图书馆工作。

1957年10月，陈景润调入中国科学院数学研究所工作，先后发表学术论文50余篇，在解析数论的许多重要问题研究上取得重要成果。哥德巴赫猜想被称为“数学皇冠上的明珠”，为了攻克这一世界性难题，陈景润全身心投入其中，废寝忘食，达到忘我的境界。经过长期艰苦的科学研究，1966年，他在《科学通报》上宣布他证明了“1+2”（即“表大偶数为一个素数及一个不超过两个素数的乘积之和”的简称）；1973年他在《中国科学》上发表了“1+2”的详细证明并改进了1966年宣布的数值结果，立即在国际数学界引起了轰动。他的研究成果被公认为是哥德巴赫猜想研究的重大突破，是筛法理论的光辉顶点，被国际数学界称为“陈氏定理”。其后，他对上述定理又作了改进，并于1979年初完成论文《算术级数中的最小素数》。他的研究成果至今在哥德巴赫猜想的研究领域还保持着领先地位。陈景润传奇式的学习成才之路，使人们深刻感受到科学的价值和魅力，激发起全国人民，尤其是青少年投身科学研究的巨大热情。

陈景润是中国科学院学部委员（院士），第四、五、六届全国人大代表，获全国科学大会奖、国家自然科学奖一等奖。

1996年3月19日，陈景润在北京逝世，享年63岁。

钢铁战士 麦贤得

麦贤得，男，汉族，1945年1月出生，广东省饶平县人，中共党员。1963年入伍，中国人民解放军战斗英雄，中国人民解放军91708部队原副司令员。

1965年8月6日凌晨，“八六”海战打响。战斗中，611艇后左主机意外停车，轮机兵麦贤得立即跑过去帮助启动机器。一块弹片打进麦贤得的右前额，插到左侧靠近太阳穴的额叶里。在接受简单的包扎后，麦贤得又站到了自己的岗位上，一刻不停地检查机器。额上的鲜血和流出的脑浆黏住眼角和睫毛，影响了他的视线，但他凭着平时练就的一手“夜老虎”硬功夫，顽强地坚守在战斗岗位上。在剧烈摇摆的机舱里，他穿来绕去，摸索着检查一根根管路、一个个阀门、一颗颗螺丝钉，由于失血过多，麦贤得的动作逐渐有些迟钝，但他的战斗意志却更加坚强。就是在这样的情况下，他居然能在几台机器、几十条管路里，检查出一个只有手指头大的被震松了的螺丝，并顽强地用扳手把螺丝拧紧，保证了机器的正常运转。麦贤得以一往无前的大无畏革命英雄主义精神，坚持到战斗胜利结束。炮弹片严重伤害了麦贤得的脑神经，随后他被送到广州军区总医院治疗。毛泽东同志十分关心他的伤情，周恩来同志亲自组织全国著名的脑外科专家为他会诊，指示一定要把麦贤得的伤治好。

麦贤得英雄事迹被写成长篇通讯《钢铁战士麦贤得》，分别在《人民日报》、《解放军报》、《人民海军报》等发表，引起全国反响。毛泽东主席、周恩来总理及朱德、董必武、贺龙、叶剑英、徐向前等党和国家领导人先后多次亲切接见了这位英雄的水兵。1966年，他被国防部授予“战斗英雄”荣誉称号。

40余年来，“钢铁战士”麦贤得的故事在华夏大地上广为传颂，他的事迹曾被写进小学课本，激励过一代又一代人。

1988年，他当选为中国残疾人联合会主席团成员。1989年9月28日，麦贤得出席全国劳模和先进工作者表彰大会，成为特邀代表。2007年麦贤得以大校军衔从广州海军基地副司令员的职位退休。

『老英雄』

孟泰

孟泰，男，汉族，1898年8月17日出生，河北省丰润县人，中共党员。生前系鞍山钢铁公司炼铁厂副厂长、工会副主席，是新中国成立后第一代全国著名劳动模范。

孟泰出生于一个贫苦农民的家庭。1948年，国民党政府撤退前，鞍钢遭到严重破坏。为迅速恢复生产，孟泰带领工友们夜以继日地搜寻器材，在他的带领下，鞍钢掀起了轰轰烈烈的献交器材运动。同时，他建立起了闻名全国的"孟泰仓库"，将收集到的器材及时分类整理，使鞍钢最早恢复的3座高炉的配管材料没花国家一分钱，为鞍钢在较短时间内恢复生产作出了巨大贡献。

抗美援朝战争期间，孟泰主动当了护厂队员，把行李扛到高炉上，冒着遭到空袭的危险，随时准备用身体护卫高炉。他勇于攻克技术难关，在苏联政府停止对我国供应大型轧辊，致使鞍钢面临着停产威胁的情况下，他组织500多名技术积极分子开展了从炼铁、炼钢到铸钢的一条龙厂际协作联合技术攻关，先后解决了十几项技术难题，终于自制成功大型轧辊，填补了我国冶金史上的空白，被誉为"为鞍钢谱写的一曲自力更生的凯歌"。他自己设计制造成功的双层循环水使冷却热风炉燃烧筒延长使用寿命100倍。

1950年8月的一天，4号高炉发生爆炸，孟泰置生死于度外，摸索到炉台上，关上冷却水开关，避免了一起炉毁人亡的重大事故。又有一次，3号炉炉皮被烧穿，孟泰冒着烈火用几条浸水的麻袋堵住裂口，化险为夷。孟泰被大家称为"老英雄"。

1950年孟泰被政务院授予"全国劳动模范"称号。1956年和1959年两次被国务院授予"全国先进生产者"称号。

在"文革"中，面对遭受严重破坏的鞍钢生产，他顶着各种压力，使鞍钢的生产秩序免于受到各种各样的冲击。他在担任鞍钢炼铁厂副厂长的8年中，被工人们称为"身不离劳动，心不离群众的干部"。

1967年9月，孟泰因积劳成疾病逝，终年69岁。他是第一、二、三届全国人大代表，被授予"全国劳动模范"等荣誉称号，曾8次受到毛泽东主席的接见。

不朽的师魂

孟二冬

孟二冬(1957—2006),男,汉族,安徽省宿县人,中共党员。1980年参加工作,生前系北京大学中国语言文学系教授。

孟二冬学科专长为中国文学史及中国文学批评史,研究方向为魏晋南北朝隋唐五代文化。他淡泊名利,甘于寂寞,潜心治学,撰写了《中国诗学通论》(合著)、《中唐诗歌之开拓与新变》、《韩孟派诗传》、《千古传世美文》、《陶渊明集译注》、《中国文学史》(参编)等400多万字的著作。他历经7年的艰苦研究,完成了100多万字的《〈登科记考〉补正》,受到我国文学界和史学界的高度评价。

多年来,孟二冬坚持党的教育方针,热爱教育事业,关爱学生,成为学生健康成长的良师、高尚人格的楷模。为支援新疆高等教育事业的发展,2004年3月,孟二冬主动要求参加了北京大学对口支援石河子大学教学的工作。在到石河子大学的第二周,他就出现严重的嗓子喑哑症状,尽管每天打针、吃药,他仍坚持上课。校领导和老师们多次劝他休息,但他都微笑着说:“没关系,我还能坚持。”在师生们的再三要求下,他来到当地医院检查,医生根据病情作出了“禁声”的医嘱,但他第二天又强忍病痛站在了讲台上。2004年4月26日,他在剧烈的咳嗽中坚持讲完《唐代文学》最后一节课,倒在了讲台上。经医院诊断,他已患食管恶性肿瘤。孟二冬在石河子大学期间,除坚持为中文系2002级四个班的学生每周讲授10学时的必修课外,同时还为中文系教师开设了《唐代科考》选修课,圆满完成了北京大学和石河子大学双方协议的支教任务。

孟二冬在北京治疗期间,仍以顽强的毅力坦然面对病痛折磨,坚持做课题研究和指导研究生的工作,积极筹备让自己的研究生去石河子大学为本科生开设讲座。2006年4月22日,孟二冬因病医治无效在北京逝世,年仅49岁。

2006年6月,中组部追授孟二冬“全国优秀共产党员”荣誉称号。2007年初,人事部、教育部授予孟二冬“全国模范教师”荣誉称号,并号召全国教育系统广大教师和教育工作者向孟二冬学习。中华全国总工会向孟二冬颁发了全国五一劳动奖章。

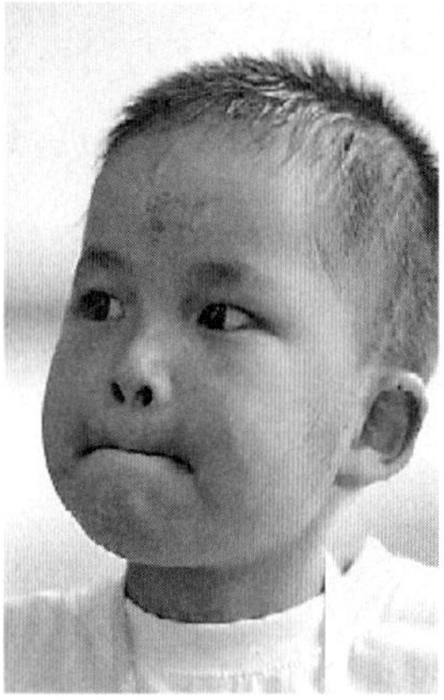

抗震救灾小英雄 林浩

林浩，男，汉族，1998年出生，四川省汶川县人，少先队员。汶川地震前在阿坝州汶川县映秀镇小学读二年级，现为成都市盐道街小学三年级学生。

林浩是个品学兼优、意志坚强、机智勇敢的孩子。“5·12”四川汶川大地震发生的那一刻，林浩正走在教学楼的走廊里，他被从上面滑落的两名同学砸倒在地。作为班长，在被埋废墟时，他带领同学一起唱歌，给被困的同学递矿泉水，并安慰因惊吓过度而哭泣的女同学，鼓励同学战胜恐惧。经过两个小时的艰难挣扎，身材矮小而灵活的小林浩终于爬出了废墟。但此时，小林浩班上还有数十名同学被埋在废墟之下。9岁半的小林浩没有惊慌的逃离，而是再次钻到废墟里展开了救援。他首先发现了一名昏倒的女同学，就立即把同学背到安全地带，交给校长。紧接着，他又一次返回废墟，救出了另一名受伤的男同学。因为救同学，林浩头部被砸破，手臂严重拉伤，但他看上去一点都不在乎，还镇定地说：“我背得动他们，我开始爬出来的时候，身上没有伤，后来爬进去背他们的时候才受伤的。”由于通讯的中断，小林浩同在外打工的父母失去了联系，焦急的小林浩同14岁的姐姐和妹妹一起在映秀镇滞留了两天，2008年5月14日，医生给他检查完身体后，他拒绝了救助站人员的帮助，自己穿好衣服，他们三人同其他乡亲一道，经过7个小时的艰难跋涉，走小路逃出了震中映秀镇，转移到了都江堰。9岁的林浩勇救两位同学，不仅绽放出人性的光辉灿烂，而且，他坚强勇敢的行动也是中华民族坚强不屈的代表。

2008年8月8日晚上，林浩是唯一一位和旗手姚明走在奥运会开幕式中国代表团前面的小朋友。

2008年，林浩被中央文明办等部门授予“抗震救灾英雄少年”荣誉称号。

中国现代妇产科学的奠基人

林巧稚

林巧稚(1901—1983)，又名丽咪，女，汉族，1901年12月23日出生，福建省厦门市人，无党派人士。生前系北京协和医院妇产科主任、中国医学科学院副院长、中华医学会副会长，著名临床医学家和医学教育家。

1929年，林巧稚以优异的成绩毕业，获博士学位，被留在北京协和医院当妇产科医生。她是第一位毕业留院的中国女医生。

在协和医院里，林巧稚勤奋工作，无论白天黑夜、严寒酷暑，她都为治病救人而忙碌。不管是什么身份的患者，只要有人向她求诊，她都有求必应。

林巧稚是中国现代妇产科学的奠基者和开拓者。20世纪30年代初，她对胎儿宫内呼吸、女性生殖道结核进行研究；40年代末，开始对滋养细胞肿瘤和其他妇科肿瘤进行研究；50年代，她提出和组织了北京地区大规模的子宫颈癌普查普治，对新生儿溶血症诊治成功；60年代成功切除重达56斤多的巨瘤；80年代主持编纂《妇科肿瘤》。她为新中国妇产科学的创建和发展倾注了大量心血，20世纪50年代筹建了北京妇产医院，为我国妇产科学界培养了一代又一代优秀接班人。她带头主编科普读物，造福了亿万妇女儿童。她不仅医术高明，医德、医风与奉献精神更是有口皆碑。在半个多世纪里，她亲手接生了5万多个婴儿，许多父母给孩子起名为“念林”、“怀林”、“敬林”，以表达对她的敬爱和纪念。她把毕生精力无私地奉献给人民，被誉为“卓越的人民医学家”。1983年4月22日，林巧稚病逝，终年82岁。

林巧稚高明的医术和崇高的医德得到政府和人民的尊重。1959年，她被推选为中国科学院首届学部委员(院士)，在当时是唯一的女学部委员。她历任中国医学科学院副院长、北京协和医院妇产科主任、北京妇产医院院长、中国医学会妇产科学术委员会主任。她是第一届至第五届全国人大代表，第三届起当选为全国人大常务委员，还担任全国妇联副主席，荣获“全国三八红旗手”等荣誉称号。

林秀贞

孤寡老人的好女儿

林秀贞，女，汉族，1946年出生，中共党员，河北省衡水市枣强县王常乡南臣赞村村民。

林秀贞视社会责任为己任，模范地践行了共产党员的先进性，大力弘扬中华民族传统美德。

林秀贞三十年如一日，克服了常人难以想象的各种困难，义务赡养了6位与自己及家庭成员无任何血缘关系的孤寡老人，用真情温暖社会，在精神和物质生活等各方面对6位老人付出了儿女般的照料和孝心，使他们过上了幸福生活，其中一位已在林秀贞家生活了26年。老人常说，自己生活得比有儿有女的还要幸福。

林秀贞学科技、学经济，带头创办玻璃钢厂、橡胶加工厂、河北省枣强县宏达防腐工程公司等个体企业，并把经营企业作为扶贫济困奉献社会的基础。自1998年起，林秀贞就在自家小厂里安排了8名残疾农民就业，使他们不靠天、不靠地，用双手支撑起自己的生活。

林秀贞热心社会公益事业，积极为村里修路、打机井，为文化娱乐队伍建设等公益事业捐资出力。自1987年以来，先后为乡、村各项公益事业累计捐资3.91万元。

她还关心乡村教育事业，先后出资4万多元帮助乡村中小学改善办学条件，此外，还资助本村和邻村14名贫困家庭子女步入大中专院校，帮助29名与自己没有任何血缘关系的困难群众走出困境，圆了他们的“家庭梦”、“求学梦”、“养老梦”、“就业梦”。

2005年以来，林秀贞先后被授予“2005感动河北十大年度人物”、“第五届全国五好文明家庭”、“全国三八红旗手”等荣誉称号。2006年全国30多家新闻媒体采访报道了她的感人事迹。2007年2月，林秀贞被评为“感动中国2006年度人物”，感动中国组委会授予林秀贞的颁奖词是：用30载爱心让一村之中老有所终，幼有所长，鳏寡孤独废疾者皆有所养。富人做这等事是慈善，穷人做这等事是圣贤；官员做这等事是本分，农民做这等事是伟人。这位农妇让九州动容。2007年，林秀贞当选党的十七大代表。2007年9月，林秀贞被评为全国助人为乐道德模范。

『爱民模范』

欧阳海

欧阳海(1940—1963),男,汉族,1940年出生,湖南省桂阳县人,中共党员。1959年3月应征入伍,生前系中国人民解放军68302部队7连班长。

入伍后,无论是日常学习训练,还是执行施工任务,欧阳海都积极主动,奋勇争先,对自己严格要求,哪里有困难,哪里有危险,就往哪里冲,人称“小老虎”。入伍3个月就加入了共青团组织,第二年因工作突出荣立三等功并当上班长。他以自己的言传身教和模范带头作用赢得了全班战士的信任和支持,所带班被评为先进集体。

1963年冬,欧阳海所在部队组织野营训练,他带领7班担任尖兵班,处处冲锋在前。训练进入尾声时,他所在班担负收容任务。11月18日,部队按照既定路线冒雨行军,在经过铁路轨道时,由广州开往武汉的282次客车鸣着长笛飞奔而来,响亮的笛声使一匹战马受惊挣脱缰绳,驮着炮架窜上铁路,横在双轨之间,一动不动。眼看一场车翻人亡的惨剧就要发生,危急关头,欧阳海奋不顾身冲上铁路,拼尽全力推开战马,避免了一起列车脱轨的严重事故,保护了500多名旅客的生命安全和人民财产的安全,但他却被轧断左腿,经抢救无效,壮烈牺牲,年仅23岁。

爱民模范欧阳海,用自己舍身推战马、勇救人民生命财产的英雄壮举,实践了自己的人生格言:“如果需要为共产主义的理想而牺牲,我们每一个人,都应该也可以做到脸不变色心不跳。”

欧阳海是继雷锋之后在人民解放军这所大学校里涌现出的又一名共产主义战士。1964年,他被广州军区追授“爱民模范”荣誉称号,并追记一等功。同年1月22日,中华人民共和国国防部命名欧阳海生前所在班为“欧阳海班”。朱德、董必武、贺龙、徐向前、聂荣臻、叶剑英等老一辈革命家题词号召全国军民学习欧阳海舍己救人的共产主义风格。

罗映珍

用爱呼唤生命

罗映珍，女，汉族，1980年9月出生，云南省临沧市人，中共党员。现为云南省临沧市公安局民警，全国公安战线的道德模范。

罗映珍的丈夫罗金勇是云南省永德县公安局民警。作为一名警察的妻子，罗映珍不但热心本职工作，而且热爱公安事业、关心支持缉毒工作。

2005年10月1日，罗映珍陪同丈夫罗金勇回老家探望父母，途中罗金勇临危不惧，与3名毒贩进行了殊死搏斗，终因寡不敌众身负重伤，成了“植物人”。从那以后，罗映珍肩负起了照顾丈夫的责任，不离不弃，无怨无悔，精心呵护。罗金勇在医院接受治疗期间，罗映珍在医院附近租了一套房子，省吃俭用，每天全身心地守候在丈夫身旁，和他说话，并含泪写下了600多篇爱的日记，用日记呼唤着丈夫意识深处的觉醒。

日复一日、年复一年，罗映珍日日夜夜里默默地坚守、默默地付出，用饱含着真情和热泪的日记呼唤着丈夫的苏醒。终于，奇迹出现了，罗金勇苏醒过来了。见证了这个奇迹的人们都说，是罗映珍的坚持和爱，唤醒了沉睡的丈夫。2007年5月24日，罗金勇开始写字，5月30日，他写下了第一句清楚完整的话——“罗映珍我爱你！”

2007年9月，罗映珍被评为“全国孝老爱亲道德模范”。2008年2月，罗映珍被评为“感动中国2007年度人物”，感动中国组委会授予罗映珍的颁奖词是：把爱人从沉睡中唤醒，是生命的奇迹，还是心灵的力量？她用一个传统中国女人最朴素的方法诠释了对爱人不离不弃的忠贞。甜蜜不是爱情的标尺，艰难才能映照爱情的珍贵。罗映珍还获得“全国三八红旗手”、“全国模范公安民警家属”等荣誉称号。

燃尽自己照亮别人

罗健夫

罗健夫(1935—1982),男,汉族,湖南省湘乡县人,中共党员。生前系原航天工业部771所工程师。

罗健夫1951年7月参军,在部队利用业余时间,学完初中三年及高中三年的全部课程。1956年考入西北大学原子物理系原子核物理专业,学习成绩优异,工作积极。1959年4月14日加入中国共产党,毕业后先后在母校及西安电子计算机技术所、骊山微电子公司工作。1962年12月调入中国科学院西北计算机所,1965年,开始研究微电子技术,1968年,参加北京电机厂技术攻关协作,1969年,罗健夫作为课题组组长开始研制国家空白项目——图形发生器。1972年、1975年他先后研制出第一台“图形发生器”、“Ⅱ型图形发生器”,为我国航天工业作出了重大贡献,1975年调入七机部771所。1978年获全国科学大会奖后,他再接再厉,继续研制Ⅲ型图形发生器,至1981年10月已独立完成全部电控设计。

1982年4月底,正在调试设备的罗健夫突然病倒,被诊断为晚期淋巴癌。

在病房的49天中,罗健夫从未要求护士打一次止疼针,从未拉过一次信号灯,甚至从未呻吟过一声。但他的病情迅速恶化,什么药都不见效。1982年6月16日,罗健夫同志逝世了,终年47岁。

罗健夫获得全国科学大会奖,被追授“全国劳动模范”荣誉称号。

党和人民的事业是最崇高的、最有意义的,在它面前,个人的一切都显得那么渺小!

——罗健夫

中朝人民的好儿子 罗盛教

罗盛教(1931—1952),男,汉族,1931年4月出生,湖南省新化县相子村人。1949年参加中国人民解放军,1950年加入中国新民主主义青年团,生前系中国人民志愿军第47军141师侦察队文书。1951年罗盛教参加了中国人民志愿军,随部队参加抗美援朝作战,作战一往无前,英勇杀敌,多次立功受奖。

1951年7月,罗盛教所在部队进入临津江以东的驿谷川一带阵地。一天,连队驻地附近的安大娘家茅屋被敌机炸燃,正在连队统计实力的罗盛教不顾一切冲进茅屋,救出了安大娘和她的孙子,自己却被火烧成重伤。

1952年1月2日,朝鲜平安南道成川郡石田里风雪弥漫,气温降到−2℃以下。一位朝鲜少年崔莹在冰河上滑冰时,不慎摔倒,压破冰层,掉进3米深的冰窟窿里,一瞬间就没了顶。正在练习投弹的罗盛教听到求救声后,像接到战斗命令一样,毫不犹豫地冲上去。他边跑边脱掉棉衣,纵身跳进冰洞,潜入水底寻人。在刺骨的冰水中,罗盛教一连两次沉入水底,摸到崔莹,反复几次用力把他托出水面,只因冰洞四周的冰层太薄,崔莹无法爬上去,又塌进冰水中。罗盛教第三次潜入水底摸住崔莹,双脚蹬着河底的碎石,使出最后一点力气,用头将崔莹顶出水面,战友赶来协助救出。崔莹得救了,罗盛教却因体力耗尽壮烈牺牲,年仅21岁。

1952年2月,中国人民志愿军领导机关给罗盛教追记特等功,追授“中国人民志愿军一级爱民模范”称号。同年4月,中国新民主主义青年团中央委员会追授他为“模范青年团员”。1953年6月,朝鲜民主主义人民共和国最高人民会议常任委员会授予他一级国旗勋章、一级战士荣誉勋章。朝鲜政府和人民为了永远纪念罗盛教,将石田里改名为“罗盛教村”,将栎沼河改名为“罗盛教河”,将安葬烈士的佛体洞山改名为“罗盛教山”,山上修建了“罗盛教亭”和罗盛教纪念碑,碑上刻着金日成主席的亲笔题词:“罗盛教烈士的国际主义精神与朝鲜人民永远共存。”

草原英雄小姐妹 龙梅和玉荣

姐姐龙梅，女，蒙古族，1952年出生，辽宁省阜新县人，中共党员，现任内蒙古自治区包头市东河区政协主席；妹妹玉荣，女，蒙古族，1955年出生，辽宁省阜新县人，中共党员，现任内蒙古自治区政协办公厅副主任、民族和宗教委员会主任。

1964年2月9日，龙梅（12岁）、玉荣（9岁）姐妹俩替父亲出去放牧集体的羊群。中午时分，暴风雪来了，龙梅和玉荣急忙地拢住羊群，转身往回赶羊。但是狂风暴雪就像一道无形的墙，阻挡着羊群的归路，羊群顺风乱窜。

经过与暴风雪激烈地搏斗，龙梅和玉荣总算把散乱的羊群聚拢在了一起。到了黑夜，暴风雪似乎更加疯狂起来，但她们凭借着地上积雪的映光识别自己的羊群，羊群照旧在风雪的呼啸中朝东南方狂奔。

从当天中午到第二天天亮，她们与暴风雪搏斗了20多个小时，年幼的妹妹筋疲力尽，昏倒在雪地里，姐姐继续追赶着羊群，集体的羊群最终安然无恙，姐妹俩却被严重冻伤。经过干部群众的大力营救，英雄小姐妹才双双脱离生命危险。但由于冻伤严重，龙梅失去了左脚拇趾，玉荣右腿膝关节以下和左腿踝关节以下做了截肢手术。

共青团中央在当年3月20日写信表扬她们的高尚行为，同时热烈祝贺她们加入了中国少年先锋队。《人民日报》以"最鲜艳的花朵"为题，报道了她们的感人事迹，她们被誉为"草原英雄小姐妹"。

草原英雄小姐妹是第四、五届全国人大代表，龙梅还是中共十大代表，玉荣曾是团十一、十二大代表，中国残联一、二、三届代表，还获得"全国扶残助残先进个人"、"自强模范"等称号。2008年，姐妹俩光荣地成为北京奥运会火炬手。

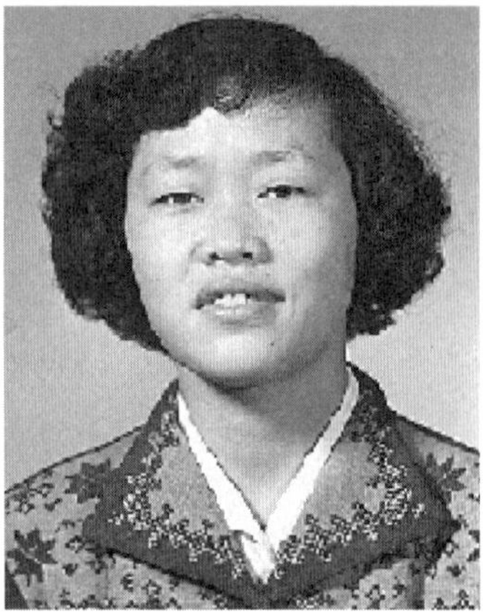

赵梦桃

纺织战线的一面红旗

赵梦桃(1935—1963),女,汉族,河南省洛阳市人,中共党员。1951年参加工作,生前系西北国棉一厂职工。

赵梦桃是我国纺织战线的一面旗帜。1951年,16岁的赵梦桃进入陕西西北国棉一厂。1952年5月,在学习"郝建秀工作法"活动中,赵梦桃以最优异的成绩第一个戴上了"郝建秀红围腰"。1952年至1959年的7年间,赵梦桃创造了月月完成生产计划、年年均衡生产的好成绩,仅节约棉花就达1200多公斤。

1956年9月,赵梦桃作为纺织工人优秀党员,被选为中国共产党第八次全国代表大会的代表,参加了具有重大历史意义的八大盛会。此后,她处处以共产党员八项条件要求自己,更加关心生产、关心他人。

赵梦桃倡导和表现出来的"困难留己、方便让人"和"不让一个伙伴掉队"的思想品德,被陕西省概括为"梦桃精神"。1962年,西北国棉一厂为了提高棉布质量,要求细纱工序减少条干不匀的现象,以便消灭布面上的粗细节疵点。赵梦桃为此刻苦钻研技术,在吸取其他纺织能手经验的基础上,摸索出了一套科学的巡回清洁检查操作法。大大充实了"郝建秀工作法"的内容,对提高棉纱条干均匀度和棉布的质量起了重要作用。同年11月底,陕西省纺织工业局总结了这套方法,并在陕西省全面推广,极大地提高了行业工作效率。

1963年,陕西省人民委员会决定把她所在的小组命名为"赵梦桃小组",授予赵梦桃"优秀共产党员、模范共产党员、先进工人的典范"光荣称号。赵梦桃于1956年、1959年先后在全国先进生产者代表大会和全国"群英会"上被授予"全国先进生产者"称号,她是中共八大代表。

『抗非英雄』钟南山

钟南山，男，汉族，1936年10月出生，福建省厦门市人，中共党员。1960年参加工作，现任中华医学会会长、广州医学院广州呼吸疾病研究所所长，教授，博士生导师，中国工程院院士。

钟南山40多年来一直耕耘在医疗、教学、科研和管理一线，先后主持国家“863”、“十一五”科技攻关以及国际医疗合作等重大项目，荣获20余项省级以上科技成果奖。在临床治病工作中，他以精湛的医术和高尚的医德赢得了同事和病人的广泛赞誉。

2003年，在抗击非典的战斗中，他以实事求是的态度、勇往直前的大无畏精神，主动请缨要求承担广东省危重非典病人的救治工作，较早确立了广东的病原，并率领团队总结出“三早三合理”的诊疗原则，在抗击非典的斗争中起到了重要作用，被广东省委、省政府授予特等功，被广州市授予“抗非英雄”称号。

钟南山也是我国呼吸疾病领域内的学术带头人。他和同事一道努力，使研究所的学科建设不断取得新的进步：2003年成为国家重点学科，2004年建立博士后流动工作站，2005年主持的“广东省传染性非典型肺炎（SARS）防治研究”项目获国家科技进步二等奖，2006年顺利通过了科技部组织的呼吸疾病国家重点实验室现场评审和答辩。同年底他被聘为世界卫生组织急性重症传染病应急委员会顾问，参与国际急性传染病咨询工作。

钟南山先后获得“全国五一劳动奖章”、“广东省模范共产党员”、“全国白求恩奖章”、“全国先进工作者”、“首批国家级有突出贡献专家”等多项荣誉称号。2004年2月，钟南山被评为“感动中国2003年度人物”。感动中国组委会授予钟南山的颁奖词是：面对突如其来的SARS疫情，他冷静、无畏，他以医者的妙手仁心挽救生命，以科学家实事求是的科学态度应对灾难。他说：“在我们这个岗位上，做好防治疾病的工作，就是最大的政治。”2007年9月他当选为“全国敬业奉献道德模范”，现为第十一届全国人大代表。

唐山十三农民

爱心志愿小分队

唐山十三农民，宋志永、杨国明、杨东（杨国明之子）、王加祥、王得良、宋志先、王宝国、王宝忠、曹秀军、尹福、宋久富、杨国平、王金龙（王得良之子）等村民，均为河北省唐山市玉田县人，年龄最大的王加祥62岁，最小的王金龙只有19岁。

2008年初，一场50年不遇的特大雨雪冰冻灾害袭击了我国南方大部分地区，摧毁了南方的电网，停水、停电、通信不畅……在这场突如其来的冰雪灾害中，位于湖南省最南部的城市郴州成为“孤岛”，灾情牵动着全国人民的心。

危急时刻，千里之外的唐山玉田县东八里铺村村民宋志永在没有上级号召，也没有组织要求的情况下，大年三十下午他和12名乡亲租了一辆中巴车组成“宋志永爱心志愿小分队”，奔赴灾区湖南郴州抗击雨雪冰冻灾害，正月初二上午，他们到达郴州电力抢险指挥部，成为湖南电力安装工程公司的一支编外“搬运队”，投入到繁重的救灾重建工作中。这一干就是半个多月，参与抢修了十几处电力设施，直到完成任务后才返回家乡，为恢复灾区电力供应作出了积极贡献。他们被当地媒体誉为“唐山十三义士”，被郴州市授予“荣誉市民”称号。

2008年5月12日下午，宋志永和12位农民兄弟得知四川汶川发生了大地震，他们又主动来到灾情最重的四川北川县城，成为最早进入北川抗震救灾的志愿者之一。

救灾结束后，为继续给地震灾区和其他需要帮助的人提供有效帮助，宋志永倡议并组织成立了全国首家爱心志愿服务基金，并将自己所获得的各类奖金及工资全部投入到基金中；开设了爱心网站，专门鼓励和支持各类爱心志愿服务。

宋志永先后被授予“全国五四标兵”、“中国十大杰出志愿者集体负责人”、“唐山十大杰出青年”、“唐山抗震救灾特殊功勋奖”、“唐山市学雷锋标兵”、“唐山市首届道德模范”等荣誉称号。2009年2月5日，唐山十三农民被评为“感动中国2008年度人物”。感动中国组委会授予他们的颁奖词是：不是归途，是千里奔波，雪中送炭；不是邻里，是素不相识，出手相援。他们用淳朴、善良和倔强的行动，告诉了我们“兄弟”的含义。

『乒乓王国』奠基人 容国团

容国团(1937—1968),男,汉族,1937年8月10日生于香港。籍贯中山县南屏乡(今属广东省珠海市南屏镇),中共党员。生前在原国家体委工作。著名乒乓球运动员,国家运动健将,中华体坛第一个世界冠军获得者。

容国团从小喜爱并学习乒乓球,15岁时即代表香港工联乒乓球队参加比赛。1958年被选入广东省乒乓球队,立下"三年夺取世界冠军"的誓言。随后被选为国家集训队队员。他苦心练就直拍快攻打法,球路广、变化多、发球精,推、拉、削、搓和正反手攻球技术较好地继承与发展了我国乒乓球左推右攻的传统技艺,并创造发转与不转球、搓转与不转球的新技术。他运用战术灵活多变,独具特色,开创了我国乒乓球"快、准、狠、变"的近台快攻技术风格。

1956年容国团以2∶0击败来港访问的世界乒乓球团体冠军日本队的主力队员荻村伊智朗。次年,他代表香港工联乒乓球队参加全港比赛,一举夺得了男子单打、男子双打和男子团体三项冠军。这一年他随父亲回广州定居,1957年考进广州体育学院。1958年他代表广州参加了全国九城市乒乓球锦标赛,获全国男子单打冠军。1959年3月,第25届世界乒乓球锦标赛在西德多特蒙德举行。容国团在男子单打中,最后与九获世界冠军的匈牙利老将西多争夺冠军。针对西多肥胖的身材,他发球长短兼施,配合拉侧上旋,把拉杀的角度加大,在先输一局情况下连胜三局,战胜西多。容国团的名字第一次刻在圣·勃莱德杯上,成为中华乒坛健儿首获世界冠军者。

1961年4月,在北京举行的第26届世界乒乓球锦标赛男子团体决赛上,中国队在3∶4的不利情况下,容国团淌下了眼泪,他激动地说:"人生难得几回搏,此时不搏更待何时!"然后振奋精神,挥拍上阵,力挫素有"凶猛雄狮"之称的日本队队员星野,以5∶3战胜日本队,从而首次问鼎斯韦思林杯,为中国队第一次夺得男子团体冠军作出了重要贡献。他是我国体坛一位里程碑式的人物。国家体委为了表彰容国团对中国乒乓球运动所作的贡献,于1961年和1964年,两次给他记特等功,多次授予他荣誉奖章和奖状。1984年,他被评为中华人民共和国成立35年来杰出运动员。1987年原国家体委在容国团的家乡珠海市建了一座容国团铜像。

新时代的『活雷锋』

徐虎

全国劳动模范、共产党员徐虎，在水电修理工的平凡岗位上，长期积极主动地为居民排忧解难，用“辛苦我一人，方便千万家”的精神，谱写了一曲新时代的雷锋之歌。

徐虎，男，汉族，1950年12月出生，江苏省徐州市人，中共党员。1975年参加工作，现任上海西部企业(集团)徐虎物业有限公司物业总监。

徐虎自1975年从事水电维修工作以来，踏实肯干，服务周到，深受广大人民群众的欢迎和喜爱。1985年6月23日，徐虎制作了3只“特约报修箱”挂在居委会、电话间墙上，还写了告示：“凡附近公房居民，如遇到晚间水电急修，请写上纸条放入箱中，本人将为您服务。开箱时间：每晚七点。中山北路房管所：徐虎。”多年来，他每天晚上7点准时打开报修箱，义务为居民修理2100余处故障，花费了6300多小时的业余时间。有8个除夕夜，他都是在工作一线度过，被群众亲切地称为“晚上七点的太阳”，成为全国房管行业的标兵和新时期的学习楷模。他主动带徒，手把手地将自己的专业技能和服务理念传授给徒弟，形成了广泛的“徐虎效应”。24小时“徐虎热线”开通的10余年间，每年都要接到各类报修、咨询电话3万个左右。在上海各行各业的服务热线中，“徐虎热线”的知名度、美誉度始终名列前茅。

1998年以后，徐虎开始从事管理工作。2002年5月，调入上海西部企业(集团)，任物业总监。从普通的水电维修岗位到企业管理岗位，他坚持角色变了，“辛苦我一人，方便千万家”的信念不变，一如既往地用自己的敬业、钻研和奉献精神，积极钻研物业管理和现代经营管理理论，结合实践撰写了多篇具有前瞻性和可操作性的研究论文。他经常深入社区听取意见，及时处理群众来信，解决了多起物业维修方面的疑难问题，受到了居民群众的称赞。他参与物业市场的拓展，努力扩大社会物业的市场份额，提高了企业的美誉度和影响力。

徐虎分别于1985年和1987年被评为上海市劳模，1989年、1995年和2000年三次被评为全国劳模。1996年中宣部将他作为“敬岗爱业、奉献社会”的劳模典型在全国进行了宣传，由此徐虎闻名全国。

『当代青年的榜样』秦文贵

秦文贵，男，汉族，1961年9月出生，河北省平山县树石村人，中共党员。现任中石油工程技术分公司副总经理，全国青联副主席。

1982年，从华东石油学院毕业的秦文贵毫不犹豫地选择了我国海拔最高、环境最艰苦的油田——青海油田。在那片"天上无飞鸟，地上不长草"的戈壁荒漠里，他一干就是20多年。为了多出油，出好油，为了缩小青海油田与国外先进油田的差距，秦文贵用自己全部的智慧和心血攻克了一个个技术难题，作出了突出贡献。

在极为艰苦的条件下，他以顽强的毅力，刻苦钻研，先后主持完成了"狮子沟裂缝油藏综合研究"、"尕斯库勒油田开发井优化井身结构"等多项科研项目，推广应用了"U型解卡法"、"成像测井"等数十项新技术、新工艺，解决了大量生产技术难题，大幅度提高了钻井速度，使两个月打成一口井的梦想变成现实。1995年，他在尕斯库勒油田处理技术套管事故时，提出了钻井简化套管程序的大胆设想。经过半年的苦心钻研，秦文贵和他的科技组完成了简化套管程序课题，并成功地打出了 4 口深开发井，节约钻井成本近700万元。1992年，秦文贵获得了赴加拿大卡尔加里大学学习的机会。学习结束后，他谢绝了国外石油公司的高薪聘请，毅然回到祖国，回到青海油田。

20年来，秦文贵以对祖国石油事业的热爱和忠诚，走出了一条当代青年知识分子在苦干、实干中锻炼成长之路。在不平凡的人生经历中实践着自己"在为社会创造价值的奋斗中实现自身价值"和"越是艰苦，越要奋斗，越要奉献"的人生信条。

秦文贵多次被评为"优秀科技工作者"和"全国劳动模范"，被青海石油管理局和中国石油天然气（集团）公司确定为"学科带头人"，被中共青海省委、省政府树立为新一代青年知识分子的优秀代表和全省人民学习的榜样。先后荣获团中央、全国青联授予的"中国青年五四奖章"以及"集团公司特等劳动模范"称号。1999年5月4日，中宣部、共青团中央、中国石油天然气（集团）公司党组、青海省委联合在人民大会堂举行了"当代青年的榜样——秦文贵先进事迹报告会"。

袁隆平
『杂交水稻之父』

袁隆平，男，汉族，1930年9月出生，江西省德安县人，无党派人士。现任国家杂交水稻工程技术中心暨湖南杂交水稻研究中心主任，湖南省政协副主席。著名农业科学家，中国工程院院士。

袁隆平是杂交水稻研究领域的开创者和带头人，是一位视科学为生命的科学家。1949年8月，他考入了重庆相辉学院农学系。1953年毕业于西南农学院。从1964年开始，他四十多年如一日，矢志不移，默默奉献，全身心致力于杂交水稻的研究。刚开始研究时，许多人说他是自讨苦吃，他坦然回答：为了大家不再饿肚子，我心甘情愿吃这个苦。研究条件的简陋艰苦、滇南育种遭遇大地震的威胁、上千次的试验失败，都动摇不了袁隆平研究杂交水稻的决心。几十年来，他像候鸟一样追赶着太阳南来北往育种，在攻关的前10年有7个春节是在海南岛度过的。他先后成功研发出“三系法”杂交水稻，“两系法”杂交水稻，超级杂交稻一期、二期，使水稻产量从平均亩产300公斤左右先后提高到500公斤、700公斤、800公斤。现在，他领导研究的超级杂交稻项目正朝着亩产900公斤的第三期目标顺利推进。与此同时，袁隆平提出并实施了“种三产四丰产工程”，运用超级杂交稻的技术成果，用3亩地产出4亩地的粮食，大幅度提高了现有水稻单产和总产。20多年来，我国累计推广种植杂交稻56亿多亩，每年增产的稻谷可以养活7000多万人口，相当于全世界每年新出生人口的总和。杂交水稻还被推广到30多个国家和地区，种植面积达3000多万亩，袁隆平因此被海内外誉为“杂交水稻之父”。

袁隆平在田间检查超级稻生长情况

袁隆平注重实践。他说，书本上、电脑里种不出水稻，他始终坚信真正的权威来自实践。他曾说："我不在家，就在试验田；不在试验田，就在去试验田的路上。"在第一线的坚守，使他抓住了科学的灵感，锻造出了战略性眼光。

袁隆平参加2008年奥运火炬传递

袁隆平甘为人梯。他注重培养杂交水稻科研人才，将团结协作看做是打开成功之门的钥匙。他捐出奖金，设立了科研基金和农业科技奖励基金；他将实验材料"野败"毫无保留地分送给全国18个研究单位，加速了"三系法"杂交稻研究的步伐。在他的培养和带领下，我国杂交水稻界精英辈出，研究成果层出不穷，30多年来一直处于世界领先地位。

袁隆平1987年获联合国教科文组织颁发的科学奖；2001年获国务院颁发的2000年度国家最高科学技术奖；2004年获世界粮食奖励基金会颁发的世界粮食奖；2007年4月就任美国科学院外籍院士；2007年9月当选为全国道德模范；2005年2月，袁隆平被评为"感动中国2004年度人物"。感动中国组委会授予袁隆平的颁奖词是：他是一位真正的耕耘者。当他还是一个乡村教师的时候，已经具有颠覆世界权威的胆识；当他名满天下的时候，却仍然只是专注于田畴，淡泊名利，一介农夫，播撒智慧，收获富足。他毕生的梦想，就是让所有的人远离饥饿。喜看稻菽千重浪，最是风流袁隆平。

作为一个科学家，不能迷信权威，迷信书本，也不能因为取得了一丁点的成绩就沾沾自喜，居功自傲。科学是没有止境的。只有敢于探索、敢于创新，才能成果迭出，常创常新。

我这个人水平不高，但是我有种认识，就是要不断地创新。科学研究最基本的特色，就是要创新，要不断地创新，不断向新的领域、新的高峰攀登，这才是科学研究的本色。

我是搞育种的，种子再好，没有好的方法去种植、管理，也不能得高产。所以要提倡科学种田。就好比一个优秀运动员，还得有优秀的教练员和科学的训练方法，才能发挥其潜质，取得优异的成绩，只有科学种田才能夺高产。

在科研中遇到的最大困难是没有创新的新思路。

中国经济的振兴，必须要发展高科技；中国农业的振兴，也要靠高科技，而且要探索出一条具有中国特色的高科技发展农业的路子。

——袁隆平

中国航天事业奠基人 钱学森

钱学森，男，汉族，1911年12月出生，浙江省杭州市人，中共党员。现任中国人民解放军总装备部科技委高级顾问，中国科协名誉主席，曾任全国政协副主席。著名科学家。

1934年钱学森毕业于上海交通大学；1935年赴美国麻省理工学院留学，翌年获硕士学位，后入加州理工学院；1939年获航空、数学博士学位后留校任教并从事应用力学和火箭导弹研究；1950年开始争取回归祖国，受到美国政府迫害，失去自由，历经5年磨难，于1955年才回到祖国。

1956年1月5日中国科学院力学研究所成立，钱学森任第一任所长。2月17日，钱学森给国务院写了关于《建立我国国防航空工业的意见书》，最先为中国火箭导弹技术的发展提出了极为重要的实施方案。此后他长期担任我国火箭导弹和航天器研制的技术领导职务，并以他在总体、动力、制导、气动力、结构、材料、计算机、质量控制和科技管理等领域的丰富知识，为中国火箭导弹和航天事业的创建与发展作出了杰出的贡献。

1958年5月29日，聂荣臻元帅同黄克诚、钱学森一起部署了我国第一枚近程导弹的制造工作。同年，中国科学院成立了以钱学森为组长，赵九章、卫一清为副组长的领导小组，负责筹建人造卫星、运载火箭以及卫星探测仪器和空间物理的设计、研究机构。

1960年11月15日，在聂荣臻元帅现场亲自指导下，以张爱萍将军为主任，孙继先、钱学森、王诤为副主任的试验委员会，在我国酒泉发射场成功地开展了我国制造的第一枚近程导弹的飞行试验。

1961年6月，在中国科学院举办的星际航行第一次座谈会上，钱学森发表了题为《今天苏联及美国星际航行火箭动力及其展望》的讲演。在中国自动化学会成立大会上，全体代表一致推举钱学森为首任理事长。

1963年，中国科学院成立由竺可桢、裴丽生、钱学森、赵九章领导的星际航行委员会。

1964年6月29日，我国自行设计的中近程导弹进行飞行试验获得成功。

1965年1月8日，钱学森正式向国家提出报告，建议早日制订我国人造卫星的研究计划，并列入国家任务。同年，钱学森任第七工业部副部长。

1966年10月27日，钱学森协助聂荣臻元帅，在酒泉发射场直接领导了用中近程导弹运载原子弹的“两弹结合”飞行试验，获得圆满成功。

1968年，钱学森兼任中国空间研究院第一任院长。

1970年，钱学森任国防科学技术委员会副主任。4月24日，重量为173千克的我国第一颗人造卫星发射成功。钱学森和发射基地的领导人在现场发表了热情洋溢的讲话。“五一”国际劳动节晚上，毛泽东主席、周恩来总理在天安门城楼上接见了钱学森、任新民等参加第一颗人造卫星工程研制的代表。

1978年9月27日，钱学森发表的《组织管理的技术——系统工程》论文，对运筹学、系统工程和系统分析科学活动在中国的繁荣，产生了十分积极的影响。

1979年，钱学森荣获加州理工学院“杰出校友奖”。

1982年，钱学森任国防科学技术工业委员会科学技术委员会副主任。钱学森是中国共产党第九、第十、第十一、第十二届全国代表大会代表和中央委员会候补委员。钱学森等著的《论系统工程》一书于11月出版。

1985年，钱学森因对我国战略导弹技术的贡献，作为第一获奖人和屠守锷、姚桐斌、郝复俭、梁思礼、庄逢甘、李绪鄂等一同获国家科技进步奖特等奖。

1986年4月11日，中国人民政治协商会议六届四次全国委员会增选钱学森为副主席。两个月后，中国科协第二次全国代表大会在6月27日一致选举钱学森为中国科协主席。

1989年钱学森获小罗克维尔奖章和“世界级科学与工程名人”称号。

钱学森是中国科学院院士、中国工程院院士、中共九大至十二大代表，获中国科学院自然科学奖一等奖、国家科技进步奖特等奖、小罗克维尔奖章和“世界级科学与工程名人”称号，被国务院、中央军委授予“国家杰出贡献科学家”荣誉称号。1999年9月18日，获中共中央、国务院、中央军委颁发的“两弹一星”功勋奖章。2008年2月，钱学森被评为“感动中国2007年度人物”，感动中国组委会授予钱学森的颁奖词是：在他心里，国为重，家为轻；科学最重，名利最轻。5年归国路，10年两弹成。开创祖国航天，他是先行人，披荆斩棘，把智慧锻造成阶梯，留给后来的攀登者。他是知识的宝藏，是科学的旗帜，是中华民族知识分子的典范。

『人民艺术家』常香玉

常香玉(1923—2004)，女，汉族，1923年9月15日出生，河南省巩义市人，中共党员。生前曾任河南豫剧院院长、河南省戏曲学校校长、中国戏剧家协会副主席。著名豫剧表演艺术家。

常香玉自幼学艺，13岁即以演出新改编剧《西厢》而闻名。她在艺术上勤奋好学，勇于革新，曾广泛吸收京剧、评剧、秦腔、河南曲剧以及坠子、大鼓等艺术之长，以丰富自己的唱腔和表演，同时把风格不同的各种豫剧唱腔——豫东调、祥符调、沙河调等，融会于豫西调中，独创新腔，成为豫剧中的一支主要流派。她的演唱热情奔放，刚柔并济，挥洒自如，达到了很高的美学境界具有很高的艺术造诣；她的表演刚健清新、细腻洒脱、优美大方，形成了独特的“常派”风格。她的代表剧目有《拷红》、《白蛇传》、《花木兰》、《战洪州》、《大祭桩》和现代戏《人欢马叫》、《红灯记》等。她积极传承民族艺术，主动提携新人。1948年，她在西安创办香玉剧校，后改为香玉剧社，为新中国培养了大批优秀演员。1951年，为支援抗美援朝战争，她率领剧社在西北、中南和华南等地义演，以演出全部收入捐献了“香玉剧社号”战斗机，被誉为“爱国艺人”。

1953年，常香玉在抗美援朝战争前线进行慰问演出

1953年常香玉又带领豫剧队，冒着炮火深入到朝鲜战场的最前线，慰问志愿军。“当时慰问演出怕遭敌人的飞机扫射，都是夜里赶路。经常是车子刚穿过敌人的封锁线，敌人的炮弹就打到了身后。有一回夜宿在防空洞里，敌人飞过来的

炮弹还有1米厚就要将洞炸透，连防空洞的门也给炸塌了。”面对这一切，常香玉始终没有丝毫退缩，“有求必应，面无难色”是她此行演出的信条和对弟子、学生们的要求。

常香玉捐献的“香玉剧社号”战斗机

1960年最困难时期，豫剧团下放到商丘的王坟大队，每天除了挖山芋、摘棉花、挖野菜，还得给当地农民演出。每天只发7个玉米面加菜的馍，吃不饱，肚子整天饿得咕咕叫。虽然当时规定不让演武戏，但常香玉认为应该让农民看到他们最爱看的武戏。每天傍晚村头戏台准时出演的《花木兰》，精彩的筋斗戏让当地群众一直都念念不忘。

到了20世纪80年代，常香玉已经离开舞台成为剧团的管理者，但每次带队下乡到基层，面对普通的老百姓她都是有求必应。有一回在陕西一个县演出结束后，一位捡垃圾的老人拦住常香玉，拉着她的手说：“常老师，这么多年一直是从收音机里听您唱，想亲耳听您唱两句。”常香玉当场就停下来为她清唱了一段《红娘》。

“戏比天大”是她的座右铭。哪怕委屈自己，也不能委屈观众、误了戏。1999年，在她准备参加庆祝新中国成立50周年的一个演唱会时，与她相濡以沫的老伴陈宪章已下4次病危通知，大家劝她别去了。可她说，国庆演出是大事，观众早知道我要去，我不能让他们失望。最终，怀着对老伴的无限牵挂，她满怀激情地走上了舞台。

只要是为人民而演，哪怕是病入膏肓，她都要拖着病躯赶来。2003年12月23日，80岁的常香玉正身患癌症在北京住院。当得知奥林匹克中心工地有一场专门慰问河南民工的演出时，她拔掉输液管，戴上发套遮掩住化疗后稀疏的头发，在家人的搀扶下登上舞台，她说：“只要站得起来，我就要来现场，哪怕说几句话也行。”她不顾身体虚弱，清唱了一段《柳河湾》，这也成为了她一生舞台生涯的绝唱。

“戏剧人间风霜雨雪上下求索真善美，人间戏剧唱念坐打生死演绎红白花”，“一生义举动天地，谁说女子不如男”，“德艺双馨戏剧之魂，爱国济民精彩人生”……一副副挽联，也许可以概括常香玉传奇而又精彩的艺术人生。

2004年6月1日，我国著名豫剧表演艺术大师常香玉因病医治无效去世，享年81岁。

常香玉是第一至第五届全国人大代表。2004年7月27日，国务院追授已故豫剧大师常香玉“人民艺术家”荣誉称号。

黄继光

舍身堵枪眼的志愿军战士

黄继光（1931—1952），男，汉族，1931年出生，四川省中江县人，中共党员。生前系中国人民志愿军步兵第135团2营通信员。

黄继光出生于贫苦的农民家庭，曾当过儿童团团长和民兵，被评为民兵模范。1951年3月参加中国人民志愿军。1952年7月加入中国新民主主义青年团。作战英勇，曾立三等功1次。

1952年10月，在抗美援朝战争的上甘岭战役中，黄继光所在部队与以美军为首的“联合国军”和南朝鲜军激战4昼夜后，于19日夜奉命夺取上甘岭西侧597.9高地。部队接连攻占3个阵地后，受阻于零号阵地，连续组织3次爆破均未奏效。时近拂晓，如不能迅速消灭敌中心火力点，夺取零号阵地，将贻误整个战机。关键时刻，黄继光挺身而出，请求担负爆破任务。他在决心书上写道：“坚决完成上级交给的一切任务，争取立功当英雄，争取入党。”当即被任命为第六班班长。他带领两名战士勇敢机智地连续摧毁了敌人几个火力点，一名战友不幸牺牲，另一名战友身负重伤，他的左臂也被打穿，身负重伤。美军照明弹将阵地照得如同白昼，几个火力点交叉扫射。他利用手榴弹爆炸后的烟雾作掩护，拖着受伤的身体顽强地爬向最后一个火力点。接近美军中心火力点时，他用力甩出最后一颗手雷。手雷在离美军不远的地方爆炸了，美军火力点被炸掉半边，美军的机枪顿时停止了射击，黄继光也被震昏了。但在部队发起冲锋时，美军火力点内残存的机枪又吼叫起来，向志愿军冲锋部队疯狂扫射，部队攻击再次受阻。这时，黄继光醒来了，但弹药已经用尽，他便忍着伤痛，艰难地爬到地堡射孔，毅然跃身而起，张开双臂，向火力点直扑上去，用胸膛堵住疯狂扫射的敌军枪眼，以生命为战友开辟了前进道路，牺牲时年仅21岁。在黄继光英雄壮举的激励下，部队迅速攻占了零号阵地，全歼守敌两个营。

战后，部队党委追认他为中国共产党党员，追授“模范团员”称号。1953年，黄继光被中国人民志愿军总部追记特等功，追授“特级英雄”荣誉称号，并荣获“朝鲜民主主义人民共和国英雄”称号和金星奖章、一级国旗勋章。经中央军委批准，将其画像制作印发全军，在连以上单位悬挂、张贴。

瀚海科魂

彭加木

彭加木(1925—1980),原名彭家睦,男,汉族,1925年6月出生,广东省番禺市人,中共党员。生前系中国科学院上海生物化学研究所研究员,并兼任中国科学院新疆分院副院长。

新中国成立后,彭加木到中国科学院上海生物化学研究所工作。1956年,中国科学院组织一个综合科学考察委员会,分赴边疆各地调查资源,他主动放弃出国学习的机会,以"从荒野中踏出一条道路"的勇气,积极向组织要求赴新疆考察,并改名"加木"以明志。1957年,他因身患纵隔恶性肿瘤,回到上海治疗。他以顽强的意志同疾病作斗争,病情稍有好转就重返边疆。彭加木先后踏遍云南、福建、甘肃、陕西、广东、新疆等10多个省区,曾15次赴新疆考察并帮助改建中国科学院新疆分院,后任该院副院长。他冒着生命危险,先后3次进入罗布泊地区,考察自然资源和自然条件,为开创新疆科研工作倾注心血,并为我国植物病毒研究做了大量的工作。

1980年5月,他带领一支综合科学考察队进入新疆罗布泊考察,在中国近代史上第一次揭开了罗布泊的奥秘。6月17日,考察队在库木库都克附近扎营。当时,汽油和水所剩无几。上午10时,为解决缺水这一困难,彭加木留下一张字条,上面写着:"我往东去找水井。"就独自外出找水,走向沙漠深处,迷路后因饥渴而昏倒,不幸被狂风掀起的沙浪掩埋,为发展我国科学事业献出了自己的生命。

为了纪念这位为中国科学事业作出杰出贡献、并首次穿越罗布泊进行考察而献身的著名科学家,1982年,上海市人民政府追认他为革命烈士。中国科学院新疆分院在库木库都克竖立了一块钢筋水泥制成的纪念碑,上面镌刻着:"1980年6月17日彭加木同志在此进行科学考察时不幸遇难"。

县委书记的榜样 焦裕禄

焦裕禄(1922—1964),男,汉族,1922年8月16日出生,山东省淄博市北崮山村人,中共党员。1946年参加工作,生前系河南省兰考县县委书记,被誉为"县委书记的榜样"。

1962年12月,焦裕禄调任兰考县县委书记后,面对危害老百姓生产、生活的三大灾害——内涝、风沙、盐碱,他带领全县人民全身心投入封沙、治水、改地的斗争。他身先士卒、以身作则。风沙最大的时候,他带头去查风口,探流沙;大雨瓢泼的时候,他带头蹚着齐腰深的洪水察看洪水流势;风雪铺天盖地的时候,他率领干部访贫问苦,登门为群众送救济粮款。他经常钻进农民的草庵、牛棚,同普通农民同吃同住同劳动。他忍着肝病的折磨,靠着自行车和铁脚板跋涉5000余里,对全县149个生产大队中的120多个进行走访,把所有的风口、沙丘、河渠逐个丈量、编号、绘图,制订了治理"三害"的科学规划。有时肝区疼得直不起腰、骑不了车、拿不住笔,但他仍然坚守岗位、冲在一线。他总是在群众最困难、最需要帮助的时候,出现在群众面前。他心里装着全县人民,唯独没有自己。他带领全县人民艰苦奋斗,植树治沙,取得了显著成效。

焦裕禄查看庄稼长势

1964年5月14日,焦裕禄被肝癌夺去了生命,时年42岁。他临终前对组织上唯一的要求,就是"把我运回兰考,埋在沙堆上,活着我没有治好沙丘,死了也要看着你们把沙丘治好"。

同年11月,中共河南省委号召全省干部学习焦裕禄为党为人民工作的革命精神。1966年,他被河南省人民政府追认为革命烈士。

1966年2月7日，《人民日报》发表长篇通讯《县委书记的榜样——焦裕禄》，全面介绍了焦裕禄的感人事迹，同时还刊登了《向毛泽东同志的好学生——焦裕禄同志学习》的社论。随后，《人民日报》及全国各种报刊先后刊登了数十篇文章通讯，在全国范围内掀起了一个学习焦裕禄的热潮。焦裕禄是各级干部特别是领导干部学习的榜样。

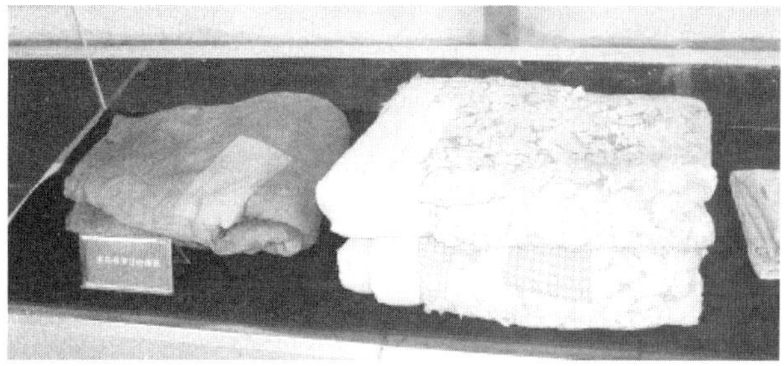

焦裕禄用过的棉衣和被子

2009年4月1日，在河南调研的中共中央政治局常委、中央书记处书记、国家副主席习近平与兰考县的干部群众进行座谈时，感慨地说："直到生命的最后一刻，焦裕禄始终保持人民公仆的本色，想的仍然是人民群众的幸福安康，充分体现了共产党人立党为公、执政为民的崇高风范。焦裕禄同志用自己的实际行动，塑造了一个优秀共产党员和优秀县委书记的光辉形象，铸就了亲民爱民、艰苦奋斗、科学求实、迎难而上、无私奉献的焦裕禄精神。焦裕禄同志离开我们45年了，但他的崇高精神跨越时空、历久弥新，无论过去、现在还是将来，都永远是亿万人民心中的一座永不磨灭的丰碑，永远是鼓舞我们艰苦奋斗、执政为民的强大思想动力，永远定格在历史上，永远不会过时。"

一、要依靠党的领导；

二、要依靠群众；

三、要发扬民主；

四、要经常总结工作；

五、要学习政治理论；

六、要利用积极分子做好工作；

七、要了解群众思想、关心群众生活；

八、要搞好团结；

九、要学习党的政策；

十、要主动向上级汇报工作。

——焦裕禄

蒋筑英

『知识分子的优秀代表』

蒋筑英(1938—1982),男,汉族,浙江省杭州市人,中共党员。生前系中国科学院长春光机所副研究员。科学家。

1956年,蒋筑英考取了北京大学物理系。由于家庭经济困难,他是靠人民助学金完成学业的,他深知"生育我者父母,教养我者党"。他学习异常刻苦,大学期间10个寒暑假,有8个都是在学校图书馆度过的。1962年,他大学毕业时,写信说服了母亲,来到长春报考了中国科学院长春光学精密机械研究所,成为我国著名光学专家王大珩教授的研究生。后在中国科学院长春光学精密机械研究所从事科研工作,历任副研究员、第四研究室代主任。

蒋筑英是我国光学界的优秀人才,专长于光学传递函数的计算、装置、测试以及编制程序、标准化等。他在科研中勇于探索、刻苦钻研、任劳任怨,在光学机械检测等领域做了大量工作,作出了突出贡献,被誉为"知识分子的优秀代表"。在老一辈光学专家的指导和帮助下,1965年,蒋筑英和他的研究小组研制出了中国第一台光学传递函数测量装置,建成了国内一流的光学检测实验室。此后又设计了中国第一台电子分色机的分色特性和镀膜要求,先后解决了国产镜头研制工作中的许多关键性技术难题。他撰写的《关于摄影物镜光谱透过率》一书对中国的电影电视事业具有重要的指导意义。他是光学传递函数的计算、装置、测试以及编制程序、标准化等方面的专家。他掌握英、德、法、俄、日五门外语,翻译了大量外文资料。他有着坦荡的胸怀和高尚的品格,给人们留下了宝贵的精神财富。他帮助同事一遍又一遍修改论文,发表时却不让署他的名字;他和别人共同研究取得的科研成果受到光学界的重视,被邀请出席学术会议作报告时,他让一起合作的同事去,把荣誉让给别人;研究所评职称、分房子、提工资,他多次主动把机会让给别人。

1982年6月,蒋筑英到外地工作期间,由于过度劳累,病情恶化,不幸逝世,年仅44岁。中共吉林省委追认他为中国共产党正式党员,并追授"模范共产党员"称号,国务院追授他为"全国劳动模范"。

大孝至爱、信守承诺的光辉典范

谢延信

谢延信，男，汉族，1952年10月出生，河南省滑县人。现为河南焦作煤业集团鑫珠春工业有限责任公司机电科工人。

1973年，滑县小伙刘延信与同村姑娘谢兰娥喜结良缘，婚后生活幸福美满。然而，天有不测风云，1974年9月，谢兰娥生下女儿后因产后风不幸去世，临终前她一遍遍嘱咐丈夫要好好照顾自己年迈多病的父母、呆傻的智障兄弟和年幼的女儿。望着痛不欲生的两位老人，想着爱妻临终时的嘱托，善良的延信“扑通”一声跪在两位老人面前：“爹、娘，兰娥不在了，俺就是你们的亲儿子，你们有病俺伺候，百年以后俺送终！”

这一跪，跪出了35年的真情与责任，跪出了35年的忠贞与孝心，跪出了一个大孝至爱、感天动地的谢延信。

35年来，他用自己的爱心、孝心和责任心全力照顾亡妻的3位亲人，大孝至爱，感人至深。为了践行自己的诺言，原本姓刘的他改姓妻姓。岳父瘫痪在床18年，他精心护理；岳父大便干结，他用手往外抠；岳父喜欢听豫剧，他省吃俭用买了一部收音机；岳父喜欢听武侠小说，他借书读给老人听。他帮老人洗澡、按摩、翻身、擦洗、活动，老人心情不好骂他，他一笑了之，从不计较，18年来老人从未得过褥疮。岳母体弱多病，谢延信想方设法为老人买补品补养身体。老人头疼脑热的，他就守在病床前喂水喂饭、端屎端尿。内弟先天呆傻，经常外出后不知道回家，谢延信总是满大街找。有时内弟解大便弄得满身屎，谢延信就哄着他

谢延信给岳母洗脚

谢延信喂内弟吃饭

换洗衣服，从不厌烦。

为省钱给两位老人看病，他利用休息时间，四处打零工，经常挖野菜、拣菜叶，连水果也没舍得给自己买过。4元钱一双的塑料凉鞋，他补了又补，一穿就是6年。一件衬衣白天穿脏了晚上洗洗，第二天再穿，整整穿了10年。岳母患有肺气肿、胃溃疡，丧失劳动能力，内弟先天呆傻，在岳父去世后，谢延信对他们照顾得更是尽心尽力。他以不放弃照顾前妻一家人为前提，多次拒绝组建新的家庭，直到丧妻10年后才与志同道合的谢粉香组成了新的家庭。2003年，谢延信因脑出血落下了反应迟钝、行动不便的后遗症，他便让妻子来焦作市共同照顾前妻一家。35年来，谢延信默默承受着常人难以承受的磨难，无怨无悔地付出，维持着一个没有血缘关系的特殊家庭，谱写了一曲感人至深的大孝颂歌。

谢延信的事迹经新闻媒体报道后深深感动着中国老百姓，一说起孝敬老人，就要和谢延信比较，教育孩子也拿他做榜样。

2006年8月31日，中共河南省委书记徐光春强调：知道了谢延信的事迹，心灵受到极大震撼，大孝至爱的谢延信以其崇高的道德境界揭示了做人的真谛，是我们学习的榜样。

2007年，谢延信获得全国五一劳动奖章，并当选“感动中国的矿工十大杰出人物”；2007年9月，谢延信被评为“全国孝老爱亲道德模范”；2008年2月，谢延信被评为“感动中国2007年度人物”。感动中国推选委员杜玉波对谢延信这样评价：这个人对爱情忠贞，对老人孝顺。谢延信，人如其名，信守一生。感动中国推选委员陈淮在推荐谢延信的时候这样写道：家庭是什么？是人世间最可信赖的社会细胞。谢延信做到的不仅仅是孝，这是对家庭亲人的忠诚，我们这个社会需要的就是这种忠诚。感动中国组委会授予谢延信的颁奖词是：当命运的暴风雨袭来时，他横竖不说一句话，生活的重担压在肩膀上，他的头却从没有低下！用35年辛劳，延展爱心，信守承诺。他就像是一匹老马，没有驰骋千里，却一步一步地到达了善良的峰顶。

由河南省委宣传部，焦作市市委、市政府等联合摄制的以谢延信的真实事迹为原型创作的18集电视连续剧《好人谢延信》，于2008年9月30日起在央视八套黄金时段播出。该剧通过艺术的手法，再现了谢延信30多年无怨无悔照顾前妻一家人的动人事迹，打造出了一个真实的谢延信，一个感人的谢延信，一个模范的谢延信，在全国人民心中树起了一座新时期的道德丰碑。

『好军嫂』韩素云

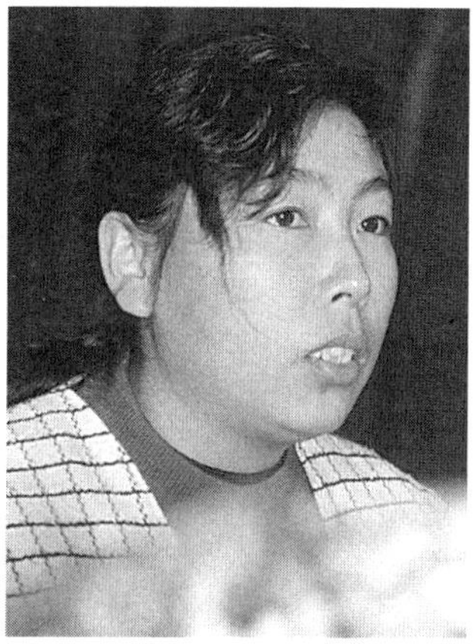

韩素云，女，汉族，1961年出生，山东省梁山县韩垓乡马甸村人，中共党员。现任广西南宁市预算外资金管理局副主任科员。

韩素云长期以来竭尽全力积极支持丈夫为国戍边，被誉为“好军嫂”。1983年在家务农的韩素云为了支持参军戍边的未婚夫倪效武安心服役，挣脱传统观念的束缚，未过门就主动搬进未婚夫的家，毅然挑起了一家九口人的生活重担。她既要照料多病的祖母、公婆，又要照顾双目几乎失明的小叔和上学的双胞胎小姑，还辛勤耕种12亩责任田。

由于长期劳累过度，她不幸患上股骨头缺血性坏死症。但就是在重病缠身的情况下，她每次给丈夫去信也从不透露任何难处，总是宽慰丈夫要安心部队工作。在她的支持鼓励下，倪效武10多次受嘉奖并荣立二等功。

1997年3月，韩素云随军被安排到广西南宁市财政局工作。她爱岗敬业，工作从未出过差错。每逢春节或老兵退伍、新兵入伍，她都赶到部队看望。她先后为11名大龄军官做红娘，并帮助8名待业军嫂找到了工作，还资助辍学孩子重返校园。多家企业想请她做产品广告或当企业形象代言人，都被她婉言谢绝。她说：“‘好军嫂’的荣誉是党和人民给的，不能为个人谋利。”

韩素云曾被评为全国、广西、山东省“三八红旗手”，山东济宁“爱国拥军模范”，被誉为“新时期拥军模范”；曾荣获“广西壮族自治区劳动模范”、“巾帼建功先进个人”等荣誉称号；被授予“全国先进工作者”、“全国劳动模范”。1994年被中共山东省委、省政府授予“模范军属”称号。1995年1月被授予山东省首届“关心国防建设新闻人物”称号。1995年2月当选为广西十大女杰。1995年3月被国家民政部、解放军总政治部授予“优秀军人妻子”荣誉称号，并获得二级英模奖章，同年被评为全国先进工作者，并被广西凭祥市录用为国家干部。1995年1月4日，中宣部、总政治部和全国妇联联合举行韩素云爱国拥军先进事迹报告会，全国妇联授予韩素云“三八红旗手”荣誉称号。

『工人教授』

窦铁成

窦铁成，男，汉族，1956年10月出生，陕西省蒲城县人，中共党员。1979年参加工作，现为中国中铁一局电务公司电力工，高级技师。

窦铁成立足本职工作，以顽强的毅力坚持走自学成才、岗位成才之路。他熟练掌握了电力工作相关知识技能，从一名只有初中文化水平的普通工人，成长为一名学习型、知识型、技能型、创新型技术专家。他先后自学了《电工学》、《钣金工艺》等专业书籍，并结合工作研究思考，编写了《电力实验手册规范》、《变配电所安装施工与试验》等，成为一线工人技术培训的专门教材和企业电力工程投标的必备资料。参加工作30年来，他先后主持安装铁路变配电所38个，全部一次性验收通过，一次性送电成功，全部获得优质工程。在施工过程中，窦铁成解决技术难题52个，解决送电运行故障310次，提出合理化建议及小革新30次，提出设计变更6次，为企业节省成本、创造效益1380万元。1997年以来，窦铁成担任电务公司供电分公司供电部部长，保持安全生产3000多天，获得用电业主等单位的锦旗11面。

多年来，窦铁成不仅自己坚持学习，不断进步，还把所学的知识和技术无私地传授给其他工友，他用持之以恒的意志、勤奋好学的精神、待人以诚的品格影响身边每一个人，带出了一支朝气蓬勃的学习型工作团队。中国中铁一局电务公司电力专业共有职工460人，窦铁成的徒弟就有308人；全公司共有电力高级技师7人，窦铁成的徒弟就有5人。他被工友们称为“金牌工人”、“工人教授”。

1994年、1998年窦铁成两次荣获铁道部总工会火车头奖章，1998年荣获“铁道部劳模”称号，2001年被评为“陕西省企业工委优秀共产党员”，2002年被评为“中国中铁优秀共产党员”，2007年被陕西省授予“高技能人才”称号，2007年荣获中国中铁“劳动模范”称号。2008年4月窦铁成荣获全国五一劳动奖章。

『英雄少年』赖 宁

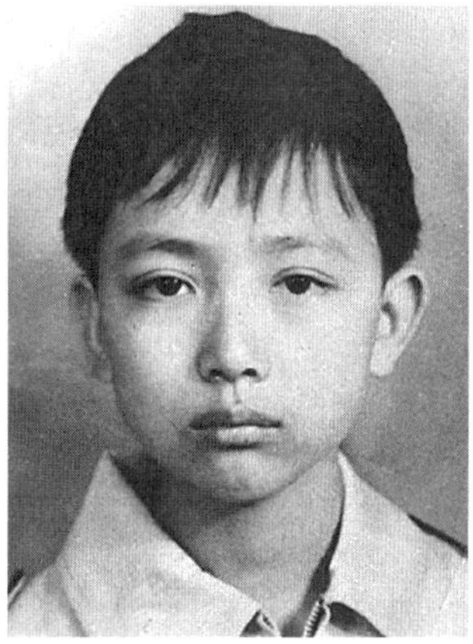

赖宁(1973—1988),男,汉族,1973年10月出生,四川省石棉县人。生前系石棉中学初中二年级学生。革命烈士。

赖宁胸怀大志,品学兼优,全面发展,从上小学开始,年年被评为三好学生和优秀少先队员。曾获省红领巾读书读报奖章活动一等奖、地区少年儿童绘画比赛二等奖和县儿童书法比赛一等奖。小学毕业后,他以全县第一名的成绩考入重点中学——石棉县一中。

赖宁对祖国、对家乡、对人民、对生活无比热爱,他三次救火而不留姓名;他有着远大志向,有积极探求的进取精神。1988年3月13日,赖宁写完作业向楼下走去,一眼望见冲天的火焰正在山林里蔓延,那是县城附近的一家工厂的信号线被大风吹到高压线上,由于电线短路产生的火花引起了山林大火。大片国有林、电视卫星地面接收站和石油公司油库面临巨大的危险。赖宁一见此状,来不及向生病的妈妈打个招呼,就飞快地直奔火场,加入全县2000多人的救火队伍中,投入扑火战斗。他英勇顽强,不顾个人安危,一次又一次地冲向火海与火魔拼搏。天快要黑了,在现场领导的命令下,赖宁和他的同学,以及妇女、老人都被强行用卡车送下山。归途中,山火又席卷起来,他扒住卡车边喊了一声"我下去了",立即跳下卡车冲向火海,又一次加入到扑火队伍中。大火终于被扑灭了,3500多亩国有林保住了。第二天上午9时,人们在火势最凶猛的地段,发现了赖宁的遗体:右臂紧紧抓住一棵小树,左手撑着地,右腿还保持着向上攀登的姿势。他牺牲时年仅15岁。

为了表彰赖宁的崇高精神,1988年11月24日,四川省人民政府批准他为"革命烈士";1989年5月31日,共青团中央和国家教委授予他"英雄少年"的光荣称号;在当年"全国十佳少先队员"的评选中他名列第一。

1989年5月31日,共青团中央和国家教委联合作出《关于授予赖宁"英雄少年"光荣称号的决定》,当时《决定》号召全国各族少先队员向赖宁同学学习,"学习他胸怀大志,从小做起;学习他热爱科学,勇于实践;学习他积极进取,全面发展;学习他热爱祖国,临危不惧"。

雷锋

全心全意为人民服务的楷模

雷锋（1940—1962），原名雷正兴，男，汉族，湖南省望城县人，中共党员。生前系中国人民解放军65639部队汽车连班长。

雷锋出生于一个贫苦的农民家庭，7岁时就成了孤儿，过着饥寒交迫的生活。新中国成立后，他受到党和人民政府的亲切关怀，被送入学校读书。1956年高小毕业后，在乡人民政府和中共望城县委会当通信员和公务员，被评为“模范工作者”。1957年2月加入共产主义青年团。先后参加根治沩水工程、团山湖农场和鞍钢等建设，多次被评为劳动模范和先进生产者。

雷锋怀着对党和人民的感激之情，甘当革命的“傻子”，把自己有限的生命投入到无限的为人民服务之中。他虽然只有小学文化，但他刻苦学习科学文化知识，认真研读马克思主义理论，“雷锋日记”真实记录了他对党的事业的坚定信念。他始终坚持“螺丝钉”精神，干一行、爱一行，最苦最累的活，他总是冲到最前面。他乐于助人，关心同志，无论在部队，还是到外地，只要遇到别人有困难，他都尽全力帮助。“雷锋出差一千里，好事做了一火车”在当年被传为美谈。他生活俭朴，把省吃俭用积存起来的钱，基本都捐献给了受灾群众和需要帮助的战友。1960年，在国民经济困难时期，他一次捐款就达200元。

毛泽东为雷锋题词

1960年1月，雷锋参加了中国人民解放军，编入工程兵运输连。他立下誓言：“我要坚决做到头可断，血可流，在敌人面前决不屈服、投降……把我可爱的青春献给祖国最壮丽的事业。”入伍后，他刻苦学习毛泽东的著作，努力改造世界观，苦练杀敌本领，以强烈的国家主人翁责任感，自觉地为党分忧，经常想到国家和集体，克己奉公，把自己积存的钱全部用来支援人民公社和灾区人民。他在日记中写道：“我要做一个有利于人民、有利于国家的人。”

雷锋正和战友一起学习《毛泽东选集》

1960年11月8日，雷锋加入了中国共产党，1961年升任班长。雷锋除完成本职工作外，还想方设法为党多做工作，经常利用节假日和休息时间做好事，助人为乐，“把有限的生命，投入到无限的为人民服务之中去”。入伍不到三年，荣立二等功一次，三等功三次，被评为“节约标兵”和“模范共青团员”，并被选为辽宁省抚顺市人大代表。他长期义务担任校外辅导员，通过为中小学生买书、送文具，讲自己的成长经历等，激励青少年成长。1962年8月15日，他在执行运输任务时不幸殉职，年仅22岁。他把自己宝贵的青春全部献给了党，献给了人民。

1963年1月7日，国防部命名其生前所在的班为“雷锋班”。经中央军委批准，将其画像制作印发全军，在连以上单位悬挂、张贴。同年3月5日，《人民日报》发表毛泽东主席亲笔题词，号召全国人民“向雷锋同志学习”。周恩来总理题词：“向雷锋同志学习憎爱分明的阶级立场，言行一致的革命精神，公而忘私的共产主义风格，奋不顾身的无产阶级斗志。”从此，全国广泛开展起了学习雷锋的群众运动，涌现出成千上万个雷锋式的先进人物，学雷锋精神的热潮在神州荡起。

一个人的作用，对于革命事业来说，就如一架机器上的一颗螺丝钉。机器由于许许多多的螺丝钉的连接和固定，才成为一个坚实的整体，才能够运转自如，发挥它巨大的工作能力。螺丝钉虽小，其作用是不可低估的。我愿永远做一个螺丝钉。螺丝钉要经常保养和清洗，才不会生锈。人的思想也是这样，要经常检查才不会出毛病。

——摘自雷锋 1962 年 4 月 17 日日记

“铁”法官 谭彦

谭彦(1960—2004),男,汉族,吉林省集安市人,中共党员。生前系大连经济技术开发区人民法院刑事审判庭副庭长、副院长。

1985年,谭彦大学毕业被分配到大连市中级人民法院经济技术开发区审判庭工作。由于刚建立开发区法院,工作条件艰苦,加之长时间超负荷工作,他患上了严重慢性纤维空洞性肺结核,医嘱长期全休治疗。当得知生命已变得短暂可数时,他没有被病魔所吓倒,也没有住院治疗和休养,而是经常身揣诊断书,更加拼命地投入到审判工作中去。在工作中,他处处以党员标准严格要求自己,刚正不阿、秉公执法、不徇私情、清正廉洁,从不接受吃请,不办关系案和人情案,成为了一名“铁”法官。在开发区法院1994年的廉政记录中,有这样一段记载:“谭彦,一年拒贿6000余元,拒请吃15次。”谭彦不是不缺钱。远在吉林山区的老家中,姐姐和弟弟都有病,全家生活只靠父亲的工资维持。作为长子,谭彦常要把自己的工资寄回老家,自己的三口小家却要靠岳父接济。然而,用金钱亵渎法律的神圣,谭彦坚决不干。

谭彦把人民法官的职责延伸到法庭以外,他在庭里建立了对缓刑罪犯的回访制度,定期把有关的法律书籍给他们看,教他们学法、懂法、守法,真正弃恶从善,重新做人。

在开发区法院,谭彦办案调解成功的比例全院最高。一些难以处理的案子,他总是苦口婆心地去做双方当事人的工作,用自己的情去打动别人的心。

热爱生命,热爱生活,更热爱工作。在担任开发区法院民事和刑事审判庭副庭长期间,他不仅带领全庭干警多办案、办好案,而且自己年结案就达108件,高出平均水平44.4%,结案率、调解率、无超审限等3项指标均名列全院第一,经他办理的案件无一改判。1994年6月,他连续高烧5天不退,还坚持4次开庭,庭审完后才去医院治疗。2004年11月,谭彦因病逝世,年仅44岁。

谭彦是中共十五大代表,被授予“全国优秀共产党员”、“全国法院模范”、“十大中国杰出青年卫士”等荣誉称号。

『最疼爱学生的老师』谭千秋

谭千秋（1957—2008），男，汉族，1957年8月出生，湖南省衡阳市祁东县步云桥镇岩前村人，中共党员。生前系东方汽轮机厂所属东汽中学教导主任，四川省特级教师。

谭千秋幼时家境困难，五兄妹，他排行老大，农活抢着做，白米饭总是让给弟妹吃，自己与父母一起吃红薯渣。自幼爱读书，学习刻苦。1975年，从步云桥区中学高中毕业后，他向村干部建议，办起扫盲夜校，义务为村民上课。

谭千秋1978年考入湖南大学。大学期间，他一直保持农家子弟的淳朴、实在、勤奋和吃苦耐劳的品性，靠国家每月18元的助学金完成学业。1982年大学毕业，谭千秋主动要求到边远不发达地区工作，被分配到四川省东方汽轮机厂，先后在该厂职工大学和中学任教。谭千秋从教26年，教学成绩突出，多次受到表彰奖励。担任中学教导主任以后，他致力于学校的教学改革和创新，为提高教学质量作出了积极贡献。在日常工作中，他非常爱学生，在校园里看到一块小石头都要捡起来，生怕学生们在玩耍时受伤，被同事们称为"最疼爱学生的老师"。

2008年5月12日，四川汶川发生强烈地震，波及绵竹。在地震中，东汽中学一栋教学楼顷刻坍塌。当时，谭千秋正在这栋教学楼的教室里上课，他迅速组织同学们向楼下疏散。当他得知有几个同学还没有离开时，立即从三楼返回四楼。看到水泥天花板即将坠落，危急时刻他奋不顾身扑了上去，用双臂将4名高二（1）班的学生紧紧地掩护在身下。5月13日晚上，当人们从废墟中将他的遗体扒出来时，他的双臂还是张开的，趴在讲台上。手臂上伤痕累累，脑袋后部被楼板砸得凹了下去。4名学生在他的保护下成功获救，而他却献出了自己宝贵的生命，年仅51岁。谭千秋用自己的英雄壮举，诠释了爱与责任的师德灵魂；他那在突发灾难来临时的瞬间造型，塑造了一座在人们心中永不倒塌的丰碑！

『小巷总理』谭竹青

谭竹青(1931—2005),女,汉族,吉林省长春市人,中共党员。生前系长春市二道区东站街道十委社区党委书记、居委会主任。

谭竹青从事居委会工作50多年,始终坚持上为党和政府分忧、下为居民群众解难的工作方针,时时处处心系群众,带领社区干部群众白手起家,艰苦创业,努力发展社区经济和各项事业。她积极进取、勇于开拓,先后创办了鞋厂、商店、印刷厂等十几个企业,建成了社区服务中心、敬老院、幼儿园、卫生服务站等服务场所,提供了一大批就业岗位。组织开发建设居民住宅楼,拆除棚户区,改善了居民居住条件。积极协调有关方面把东站十委内街、巷、胡同全部修成了柏油路,方便了居民出行,使东站街道十委社区发生了翻天覆地的变化。

她全身心投入社区工作,走百家门,知百家情,解百家难,暖百家心,把党和政府的关怀送到千家万户。20世纪80年代初,她拿出自己的微薄积蓄创办了社区服务网点。为解决社区居民孩子入托问题,她无偿地把自家住房拆掉一半扩建幼儿园。十几年来,她把政府发给自己的10多万元奖金全部用于社区建设和扶贫帮困,被群众亲切地称为"小巷总理"。到了2000年,长春市开始实行"退路进室"的政策,东站十委的许多企业都在被拆迁之列,这对谭竹青来说无疑是一个沉重打击。该如何应对这一挑战?这一年谭竹青69岁,已近古稀之年,但她却丝毫没有落后于时代,而是眼光更加敏锐,思想更加开放。老人决定改变思路,走招商引资的路子。经过不懈努力,一个使用面积3500平方米的综合市场终于建成了。就是凭着这种紧跟时代、实干苦干的劲头,东站十委的企业从无到有、从小到大、从弱到强发展起来了。

谭竹青被授予"全国劳动模范"、"全国优秀党务工作者"、"全国三八红旗手"等26项国家级荣誉称号和奖项。

『敦煌的女儿』樊锦诗

樊锦诗，女，汉族，1938年出生，浙江省杭州市人，中共党员。现任敦煌研究院院长。

1963年7月从北京大学历史系毕业后，樊锦诗放弃了留北京与上海的机会，毅然选择了千里之外的西部小镇，从此便与敦煌结下了不解之缘，再也没有离开那里。扎根戈壁沙漠40余年来，茫茫大漠里，从春到夏，从秋到冬，从青春少女到满头华发，樊锦诗执著而坚定地守望着敦煌。40余载的守望中，她忽略了家庭，忽略了孩子，也怠慢了自己。然而，在她与同事们的共同努力下，敦煌研究院成为世界上当之无愧的敦煌学研究中心。

樊锦诗潜心于石窟考古研究工作。她运用考古类型学的方法，完成了敦煌莫高窟北朝、隋及唐代前期的分期断代，成为学术界公认的敦煌石窟分期排年成果。她撰写的《敦煌石窟研究百年回顾与瞻望》，是对20世纪敦煌石窟研究的总结和思考。由她主编，香港商务印书馆出版的26卷大型丛书《敦煌石窟全集》则是百年敦煌石窟研究的集中展示。她为敦煌莫高窟这一人类宝贵的文化资源保护与利用作出了杰出贡献，因此被誉为“敦煌的女儿”。她提出了“莫高窟治沙工程”等13项文物保护工程，独创了一套新型砂砾岩石窟崖体裂缝灌浆和风化崖面防风化加固的材料、工艺、技术，使莫高窟文物保护环境得到改善，本体病害和损毁得到遏制。她牵头起草的《敦煌莫高窟保护条例》成为甘肃省第一部为保护一处文化遗址作出的专项立法。

1998年，樊锦诗担任敦煌研究院院长后，带领科研人员在石窟遗址的科学保护、科学管理上走出了一条切实可行的道路，初步形成了一些石窟科学保护的理论与方法。樊锦诗最早提出了利用计算机技术实现敦煌壁画、彩塑艺术永久保存的构想，她组织敦煌研究院与浙江大学，共同申请国家自然科学基金“多媒体与智能技术集成与艺术复原”课题，这一课题以敦煌莫高窟为重点，首次提出了运用计算机技术进行敦煌壁画、彩塑艺术永久保护和展陈利用的构想并付诸实施，将莫高窟用多媒体及智能技术展现在人们面前。

她积极开展文物保护领域的国际合作，成功解决了敦煌石窟研究和保护的有关难题。从

敦煌研究院院长樊锦诗女士

20世纪80年代中期开始，樊锦诗积极谋求敦煌石窟保护研究工作的国际合作。在联合国教科文组织的帮助下，敦煌研究院先后与日本、美国等国的机构开展合作项目，使敦煌石窟的保护研究逐步与国际接轨，开创了中国文物保护领域国际合作的先河，并取得了一系列研究成果。

在人才队伍建设方面，樊锦诗继承了前任院长常书鸿、段文杰重视人才的传统。从20世纪80年代以来，她努力通过各种途径和措施培养人才、激励人才、使用人才、留住人才，大胆起用一批青年专家走上中层领导岗位，让他们挑起敦煌保护、研究的大梁。目前敦煌研究院已逐步形成了一支涉及学科门类众多的年轻化专业人员队伍，为敦煌文化遗产保护研究事业的长远发展奠定了良好的基础。

樊锦诗是中共十三大代表，被授予“全国杰出专业技术人才”称号以及“最深刻影响中国的文化人物”、“全国优秀共产党员”、“全国先进工作者”、“全国三八红旗手”等荣誉称号。

优秀的传统文化永远不会过时，她的魅力也是永远的，正因为这样，我们要好好保护她。

人们离不开精神文化需求，人们有享受文化的权利，我们应该做好工作，以满足人们精神文化的需求。

——樊锦诗

图书在版编目(CIP)数据

中华丰碑："100位新中国成立以来感动中国人物"学习读本 / 王向阳主编.— 郑州：大象出版社，2013. 10
(2016. 7 重印)
ISBN 978-7-5347-7898-8

Ⅰ. ①中… Ⅱ. ①王… Ⅲ. ①人物—先进事迹—中国—现代 Ⅳ. ①K820.7

中国版本图书馆 CIP 数据核字(2013)第 252792 号

中华丰碑："100 位新中国成立以来感动中国人物"学习读本

王向阳 主编

出版人 王刘纯
责任编辑 孟建华
责任校对 何 力
书籍设计 刘 & 王

出版发行 大象出版社(郑州市开元路 16 号 邮政编码 450044)
发行科 0371-63863551 总编室 0371-65597936
网 址 www.daxiang.cn
印 刷 河南文华印务有限公司
经 销 全国新华书店
开 本 787mm×1092mm 1/16
印 张 8
字 数 177 千字
版 次 2013 年 10 月第 1 版 2016 年 7 月第 5 次印刷
定 价 18.00 元
若发现印、装质量问题，影响阅读，请与承印厂联系调换。
印厂地址 新乡市获嘉县亢村镇工业园
邮政编码 453800 电话 0373-5969992 5961789